GUÍA DE HOMBRES LOBO EN ESPAÑOL

Todo lo que Querías Saber pero Temías Preguntar de estas Misteriosas Criaturas Nocturnas

DRAKE GARRISON

© Copyright 2021 – Drake Garrison - Todos los derechos reservados.

Este documento está orientado a proporcionar información exacta y confiable con respecto al tema tratado. La publicación se vende con la idea de que el editor no tiene la obligación de prestar servicios oficialmente autorizados o de otro modo calificados. Si es necesario un consejo legal o profesional, se debe consultar con un individuo practicado en la profesión.

- Tomado de una Declaración de Principios que fue aceptada y aprobada por unanimidad por un Comité del Colegio de Abogados de Estados Unidos y un Comité de Editores y Asociaciones.

De ninguna manera es legal reproducir, duplicar o transmitir cualquier parte de este documento en forma electrónica o impresa.

La grabación de esta publicación está estrictamente prohibida y no se permite el almacenamiento de este documento a menos que cuente con el permiso por escrito del editor. Todos los derechos reservados.

La información provista en este documento es considerada veraz y coherente, en el sentido de que cualquier responsabilidad, en términos de falta de atención o de otro tipo, por el uso o abuso de cualquier política, proceso o dirección contenida en el mismo, es responsabilidad absoluta y exclusiva del lector receptor. Bajo ninguna circunstancia se responsabilizará legalmente al editor por cualquier reparación, daño o pérdida monetaria como consecuencia de la información contenida en este documento, ya sea directa o indirectamente.

Los autores respectivos poseen todos los derechos de autor que no pertenecen al editor.

La información contenida en este documento se ofrece únicamente con fines informativos, y es universal como tal. La presentación de la información se realiza sin contrato y sin ningún tipo de garantía endosada.

El uso de marcas comerciales en este documento carece de consentimiento, y la publicación de la marca comercial no tiene ni el permiso ni el respaldo del propietario de la misma.

Todas las marcas comerciales dentro de este libro se usan solo para fines de aclaración y pertenecen a sus propietarios, quienes no están relacionados con este documento.

Índice

Introducción	vii
1. ¿Historias falsas o realidad?	1
2. Los lobos y el folclor antiguo	11
3. La historia de los hombres lobo	29
4. La bestia de Bray Road	41
5. Los verdaderos hombres lobo	51
6. Universos alternos	65
7. Estafas e ilusiones	81
8. La estructura de un hombre lobo	97
9. Los hombres lobo y la magia negra	109
10. La manía de los hombres lobo	123
11. En busca de los hombres lobo	139
Conclusión	161

Introducción

Los animales y humanos siempre han tenido una relación muy cercana.

Desde el fiel y leal amigo del hombre, el perro, hasta las aves que surcan los cielos y nos observan desde las alturas.

Es difícil creer que, después de haber pasado miles de años conviviendo, relacionándonos, y ayudándonos mutuamente, no haya existido una forma natural de volvernos unos con ellos. Muchas religiones y corrientes de pensamiento afirman haberlos logrado, y han dejado registro de ello en sus miles de historias al respecto.

Por ejemplo, los nativos americanos creían firmemente en los espíritus animales, y que, a través de ritos, ejercicios, y prácticas espirituales, algunos humanos eran capaces de

Introducción

unir sus almas con las de aquellos espíritus que los protegían durante su crecimiento. Esta unión era vista como sagrada, y uno de los mayores honores que un guerrero podía obtener de los dioses. Algunos lo conseguían durante la muerte, y unos pocos en vida.

Esta unión era, hasta cierto punto, metafórica, pero muchas tribus incluso llegaron a creer que la unión podía no estar limitada al plano espiritual, sino que también podía materializarse en la tierra, dándole la capacidad al guerrero de convertirse en el animal que le había otorgado su bendición.

Bajo esta misma línea de pensamiento, que además se repite a lo largo de diferentes culturas y religiones sin importar la época, es lógico que eventualmente hayamos llegado a la pregunta que buscamos responder en este libro: ¿pudo haber existido una mezcla entre humanos y lobos que esté rondando los mismos suelos por los que caminamos?

El mito del hombre lobo no es exclusivo del oeste del mundo.

En Grecia, el popular poeta y escritor Oviedo dejó registro de esta criatura mitológica desde tiempos inmemorables en su obra Metamorfosis, mientras que las culturas escandinavas tenían diferentes figuras caninas

Introducción

como seres de vital importancia en su mitología y cosmovisión.

Si tu curiosidad es lo suficientemente grande como para considerar la existencia de tal criatura, este libro podrá ayudarte a entender mejor a estos seres, y a todos aquellos individuos que han dedicado su vida entera a la búsqueda de ellos.

1

¿Historias falsas o realidad?

Katie Zahn, de 15 años, y tres amigos tenían una criatura canina en su mente el día que manejaron hasta Avon Bottoms, una remota área salvaje en el suroeste del condado Rock, en Wisconsin. Acurrucado en la parte de atrás de su auto se encontraba un cachorro de Rottweiler que uno de los adolescentes había traído al viaje para vendérselo a alguien en el área.

El joven grupo había organizado un encuentro con los nuevos dueños del perro en uno de los refugios del condado.

Pero después de que habían concluido la transacción y se habían despedido del perro, decidieron explorar el área e investigar sobre alguna de las leyendas urbanas que habían escuchado sobre esa área pantanosa y arbolada.

Según habían escuchado, un grupo de científicos locos habían mantenido un laboratorio secreto en el área, al menos eso decía la historia, y de alguna forma habían logrado crear un híbrido de humano y animal que se escapó entre la naturaleza. Supuestamente, los científicos abandonaron el área después de caer en desesperación y miedo, y así dejaron los "mamíferos animales" que habían creado sueltos en los alrededores. De vez en cuando, algún aventurero afortunado (o desafortunado) reportaba haber visto un híbrido canino acechando cerca de Avon.

Esperando ver a una de las criaturas con sus propios hijos, Katie y sus amigos manejaron a un campo donde se habían reportado avistamientos, pero nunca les pareció fuera de lo ordinario.

Los dos chicos tomaron sus pistolas de aire de la cajuela del coche y se aventuraron a explorar mientras Katie y su amiga esperaban cerca del auto.

. . .

Poco tiempo había pasado antes de que los chicos regresaran corriendo y gritando aterrorizados en dirección al vehículo. Para la sorpresa de Katie, una criatura de dos metros, cubierta de pelo, y la cabeza de un lobo los estaba siguiendo. El "lobo" estaba corriendo en sus patas traseras. Los chicos les gritaron a sus amigas que se metieran al auto, y Katie y su amiga obedecieron rápidamente. Uno de los jóvenes se giró y disparó su pistola de aire a la criatura antes de aparragarse dentro del automóvil. Nunca supo si falló o, como recordó después, la bola simplemente rebotó en la bestia, ya que nada le sucedió. Pero nadie se interesó en quedarse para averiguar por qué. El conductor pisó el acelerador y huyeron de ahí.

Sin importar lo emocionante que había sido el encuentro, no era el final de la historia de Katie.

Aunque los adolescentes estaban sorprendidos, finalmente acordaron manejar por un poco más para ver si lograban avistar a la criatura una vez más para averiguar lo que era. Se detuvieron en un puente y se juntaron a mirar por el barandal hacia el río que estaba debajo. Localizaron desde ahí a otras tres de esas bestias, muy similares a la que habían visto originalmente, pero un poco más pequeñas.

. . .

Estaban arrodilladas junto al agua y bebían con sus manos como lo hacen los humanos. Y cuando se dieron cuenta de que los adolescentes estaban en el puente observándolos, los tres animales similares a un lobo se pararon sobre sus patas traseras como si estuvieran listos para abalanzarse sobre ellos. Esto asustó a Katie y sus amigos hasta el punto de decir dejar el área permanentemente. Nunca volvieron a ir, y Katie es la única de los cuatro que habló públicamente sobre lo que sucedió ese día.

¿Hecho o ficción? ¿Katie y sus amigos realmente vieron a un tipo de híbrido de humano y lobo? ¿Es posible que hayas visto a una familiar de verdaderos hombres lobo sobrenaturales?

¿O realmente existe una especie canina que la ciencia desconoce y ha evolucionado para caminar erguido? Ninguna de estas posibilidades es fácil de aceptar, ya que nos hemos acostumbrado como sociedad a únicamente ver el mundo desde un lente lógico.

Los escépticos pueden preguntarse si todo el incidente fue una farsa. Usualmente se sospecha de engaño cuando se trata de avistamientos de criaturas extrañas, pero la idea de que cuatro personas, que estaban utilizando trajes de hombres lobo de alta calidad, solo estaban caminando por un bosque alejado esperando a que alguien los viera y reportara un avistamiento falso es igualmente difícil de digerir.

Sopesar la realidad de avistamientos como el de Katie Zahn ataca directo al corazón de algo que ha anonadado a la humanidad desde el inicio de sus tiempos.

¿Tienen los humanos una relación más cercana a los animales salvajes de lo que generalmente nos damos cuenta?

¿Son algunas personas capaces de intercambiar sus formas con las de un lobo a voluntad? ¿Es posible que la combinación de lobos y humanos pueda existir? Y si la respuesta a todas estas preguntas es "no", entonces, ¿de dónde vienen todas nuestras leyendas sobre hombres lobo y otras criaturas?

Muchos estudios sobre los hombres lobos empiezan cazando los orígenes de la palabra por sí misma. La palabra licántropo proviene del griego lýkos que significa can o lobo y anthropos, que significa hombre. En su etimología anglosajona era previamente deletreada como "wearwolf" donde "wear" tenía una connotación de maldad o algo relacionado con la guerra, y en este sentido e idioma, la palabra "werewolf" (que significa hombre lobo) puede significar "lobo malvado".

Estas definiciones tienden a tomar sentido, ya que, en la mayoría de las historias medievales europeas, un hombre lobo usualmente se veía como los otros lobos con excepción de su gran tamaño.

Pero, hoy en día, el término "hombre lobo" nos trae a la mente imágenes de actores torturados de Hollywood con pelaje en exceso que surge de su piel durante la luna llena y constantemente se encuentran esquivando balas de plata.

Por supuesto, en las películas, el hombre lobo siempre debe morder a alguien para pasarle su condición a la víctima. Pero eso sucede mayormente en la leyenda moderna. En la mayoría de las leyendas urbanas antiguas, no es el hombre lobo quien lo hace de esta manera, sino su primo, el vampiro, quien expande su linaje al beber la sangre de un alma inocente.

Los hombres lobo comúnmente nacían, según las historias antiguas, a través de la magia o al tener padres que se encontraban en una jauría.

Otro nombre con una cantidad similar de relaciones a Hollywood es el "Wolf man" que, aunque igualmente significa hombre lobo, fue utilizado en muchos filmes.

Fue especialmente popular en las primeras películas de terror sobre hombres lobo realizadas por Universal Pictures. En estas películas, el monstruo se veía mucho más humano que lobo. Hoy en día "Wolf man" es usado casi de manera intercambiable con "hombre lobo" para denominar a humanoides con orejas puntiagudas y hocicos alargados.

Pero también utilizamos otros denominadores para esta criatura, incluyendo hombre perro, hombre lobo, cambiante de forma, y skinwalker.

Otro término popular es licántropo, esta palabra que describimos previamente fue tomada del legendario rey griego, Licaón. Licaón había conseguido sus colmillos al hacer un sacrificio humano prohibido, por lo cual, posteriormente, los dioses le otorgaron una forma licántropa como castigo. Médicamente, la palabra licantropía se refiere a alguien con un desorden mental que hace a la persona sentirse capaz de transformarse físicamente en un lobo.

Aunque estos términos buscan describir una criatura que combina el cuerpo de un lobo o canino con un elemento humano, cada nombre nos indica una historia diferente sobre la naturaleza de la bestia. Los hombres lobo reportados por testigos contemporáneos como Katie son criaturas peludas con cabezas caninas que se mueven con las patas traseras, pero se cree que son animales naturales en lugar de ser bestias paranormales. Contrario a los hombres lobos de los tiempos medievales remotos, muchos observadores aún reportan avistamientos de estas criaturas.

Los cambiantes de forma también surgen del mundo antiguo en combinación con el contemporáneo. Usualmente se pensaba que era el trabajo de magos o chamanes, y se pueden encontrar en los mitos y supersticiones de casi todas las sociedades tribales alrededor del mundo. Se piensa que estos chamanes usan rituales mágicos para asumir o proyectar la forma de ciertos animales. Un "skinwalker" (caminante de piel) o "skinchanger" (cambiante de piel) es un tipo de cambiador de forma reconocido por muchas tribus nativo-americanas. Los Navajo los llaman yenaldlooshi, y les temen al considerarlas "brujas" malevolentes que usualmente aparecen en forma de coyotes.

Esto permite que continúe la discusión sobre si estas criaturas que las personas modernas continúan viendo en los bosques y campos de maíz de zonas como Estados Unidos, Canadá, y Europa realmente son entidades de otro mundo o solo animales de carne y hueso altamente evasivos que aprendieron a cómo caminar erguidos.

Muchos criptozoólogos (investigadores que estudian animales "ocultos"), creen que estas bestias en realidad son especies mucho más pequeñas y con diferente forma de pie grande. Otros investigadores creen que son una especie separada canina previamente desconocida, quizá algún tipo de remanente de la era del hielo cuando muchos de los carnívoros, ahora extintos, caminaron sobre la tierra.

Para apoyar este punto de vista, huellas extremadamente grandes similares a las de un perro han sido encontradas en áreas de avistamiento en Wisconsin y Georgia, y la mayoría de los testigos han observado que las criaturas obedecían las leyes de la física como cualquier otro animal.

. . .

Una o dos criaturas han dejado rayones en automóviles, y muchas han sido observadas devorando lo que parecían cadáveres de animales. Es difícil imaginar que cualquier tipo de criatura de otro mundo quisiera venir aquí simplemente a satisfacer su antojo de morder un animal que murió atropellado en la carretera.

Los hombres lobo tradicionales y sobrenaturales, por otro lado, usualmente son vistos realizando sus propias matanzas con una preferencia marcada por la carne humana. Mientras que ellos también dejan huellas y pueden interactuar con cuerpos físicos, son aptos para revertirse a forma humana en el día o cuando fallecen.

A veces se les ve usando ropaje común, y su fuerza con frecuencia es sobrehumana.

¿Realidad o fantasía? ¿Una verdadera criatura a la que deberíamos temerle o una pesadilla ancestral que puede ser seguramente olvidada? Existen muchos argumentos para explorar en ambos lados a medida que intentamos llegar al fondo de lo que Katie vio en Avon Bottoms.

2

Los lobos y el folclor antiguo

En los muelles de un lago rodeado de frondosos árboles en el corazón de los bosques norteamericanos, ahí vivía una familia Ojibwe – padre, madre, dos hijos, y una hija– quienes habían dejado su tribu para evitar crear una guerra entre sus vecinos. El padre era un hombre de paz, e incluso cuando su familia con frecuencia pasaba hambre y estaba falta de contacto social, él prefería la vida solitaria en lugar de una violenta.

Eventualmente, el padre cayó enfermo, y sabiendo que estaba a punto de morir, juntó a toda su familia para comunicarles sus últimos deseos. El hijo más joven era un tanto pequeño para su edad, y tendía a enfermarse. El padre hizo que su hija e hijo mayor le juraran que siempre atenderían las necesidades de su hermano más joven. Ellos aceptaron, y el padre falleció contento.

Seis meses después, la madre falleció también, dejando que la hermana y hermano mayor honraran su promesa de cuidar y proveer para su hijo más joven.

Ellos obedecieron por un tiempo, pero eventualmente la soledad abrumó al hijo mayor. Él deseaba juntarse con otros hombres para cazar y tener a una joven mujer para tomar como esposa. Un día, se escabulló a una aldea cercana a la otra parte del lago y nunca regresó.

La hermana hizo lo mejor que pudo para cazar comida y alimentar a su hermano pequeño y a ella misma, pero eventualmente comenzó a sentirse sola. Un día, acumuló cuanta madera y comida pudo y le dijo adiós al niño sobrante, y se marchó a buscar un esposo y una casa propia.

El niño fue abandonado en completa soledad, y cuando finalmente había consumido toda la comida que le había dejado su hermana, se vio forzado a hurgar en los alrededores en busca de cualquier cosa que le pudiera servir de alimento. Empezó a seguir a las jaurías de lobos que mandaban en el bosque y devorando los restos de venados, conejos, y otras presas que dejaban atrás después de que se habían saciado. Eventualmente, los lobos lo aceptaron como uno de ellos y se dieron a la tarea de cuidarlo, y el chico llegó a creer que ellos eran su verdadera familia.

Después de que pasara cierto tiempo, el hermano mayor regresó al área mientras pescaba montado en una canoa que remaba junto con otros cazadores de su tribu. Durante el recorrido, creyó escuchar que alguien cantaba cerca de la orilla e intrigado por el sonido acomodó su posición para ver más de cerca. Para su gran sorpresa, pudo visar a su propio hermano menor, a quien le emanaba pelo y una cola, que se había tornado parcialmente en un lobo. El niño cantaba una tonada, "Mi hermano, mi hermano. Ah, mira, ¡me estoy convirtiendo en un lobo!

El hermano mayor fue inmediatamente consumido por la culpa mientras recordaba la promesa que le había hecho a su padre, y la cual egoístamente había roto, e intentó persuadir a su hermano menor para regresar a la villa con él. Pero antes de que el mayor pudiera alcanzarlo, el pequeño terminó de convertirse en un lobo por completo.

Miró con detenimiento a su hermano, quien había perdido toda esperanza, y de inmediato aulló antes de huir hacia el bosque para alcanzar a la familia que jamás lo había traicionado, la jauría de lobos.

Esta historia se origina de un antiguo cuento Ojibwe que no solo nos enseña cosas como la lealtad de la familia y la importancia de mantener nuestras promesas, sino que también nos muestran los lazos cercanos de los humanos y sus "hermanos" animales en muchos sistemas de creencias nativo-americanos.

En este caso, no es la magia, sino la lealtad y afecto entre el hermano menor y sus acompañantes lúpicos lo que lo ayudan a hacer la transición de humano a lobo.

La historia no especifica si el niño fue capaz alguna vez de regresar a su forma humana, pero cualquiera que escuche esta historia y después se encuentre con un lobo en el bosque puede preguntarse si esa criatura peluda también fue humana alguna vez.

La idea de que los humanos pueden convertirse en animales y viceversa es común alrededor del mundo.

. . .

Probablemente la criatura híbrida más conocida de otra cultura es el loup-garou, una criatura francesa que con frecuencia se decía era similar a un lobo natural y grande. Sin embargo, decidir qué lobos eran naturaleza y cuáles se transformaron en humanos no era sencillo.

Los lobos naturales corrían libremente por toda Europa durante una gran parte de su historia, sobrevivían de las ovejas y ganado que podían arrastrar desde villas pequeñas y de la abundancia de venados y otros ciervos en los bosques antiguos. En ese entonces, el criterio principal para identificar a un hombre lobo de entre la manada usualmente era su comportamiento.

Particularmente los lobos grandes, viciosos, y agresivos, especialmente si su carne favorita parecía ser la humana, eran considerados sospechosos.

En países sin lobos, otros carnívoros que estuvieran en la cima de la cadena alimenticia tomaban el lugar de los lobos como los humanoides de preferencia. Desde los bereberes de Marruecos, quienes creían en hombres hiena nocturnos que llamaban "budas", hasta tribus en el interior del continente quienes decían que sus doctores brujos podían convertirse en hienas a través de un ritual mágico, las personas de África por mucho tiempo han mirado con precaución y miedo a estos cazadores sonrientes.

En el sur de África, la leyenda dice que hay villas enteras llenas de personas que son capaces de transformarse en animales, usualmente hienas, a voluntad. Son llamados los "Chichweya", y se cree que manifiestan hocicos animales que crecen desde la parte superior de sus cabezas y debajo de sus peinados esculturales.

También existieron avistamientos de hombres hiena en los inicios del siglo veinte. Sin importar cuantas precauciones tomara, un oficial británico, que estaba estacionado en Nigeria en 1918, se sentía continuamente frustrado por un animal que frecuentemente devoraba su ganado. La criatura era capaz de morder limpiamente y arrancar la cabeza entera de un animal. El oficial colocó un puesto de vigilancia y logró dispararle a una gran hiena mientras esta corría hacia una cabra que el hombre había colocado como cebo. Siguió el rastro de la hiena herida y miró con increíble asombro como las huellas de hiena pronto se convirtieron en unas de humano. Después, escuchó que uno de los mientras de una tribu cercana había sido misteriosamente asesinado por una herida de bala.

No parece ser de importancia si una especie en particular es razonablemente cercana al tamaño humano para que pueda convertirse en un híbrido. En Japón, el pequeño zorro se ha ganado su parte de historias de transformación humana a pesar de ser un animal relativamente pequeño.

De hecho, las preocupaciones de ser tomado por un espíritu de zorro eran tan comunes en ese país que un templo fue alzado en honor a un dios llamado Mitsumine, en él se vendían amuletos especiales con el poder de proteger a las criaturas mitad zorro, quienes con frecuencia se convertían en hermosas mujeres.

Algunas sociedades cuentan sobre criaturas que se ven y comportan de manera sospechosamente similar a la noción actual que tenemos de los hombres lobo.

Combinan las características humanas con la fuerza y apariencia animal, y continúan siendo un misterio hasta el día de hoy. En Malasia, la península al este de Asia, criaturas viciosas llamadas santu sakai, o "hombres boca", rondan las junglas cerca de Kuala Lumpur.

Recientemente, en los años 60, dos criaturas monstruosas y con colmillos persiguieron a uno de los cazadores de la región. Las bestias atacaron el vehículo del cazador, y solo pudo escapar de ellas usando tácticas de manejo avanzadas.

Después, unas huellas que parecían a las de humano, pero no se veían completamente similares, fueron encontradas en el área, junto con sangre que se pensaba había sido derramada por el santu sakai mientras intentaba atravesar la ventana del hombre con sus puños velludos.

En Timor, una isla a 400 millas al noroeste de Australia, se dice que ciertos hombres no solo tienen el poder de convertirse en perros, sino que también pueden transformar a víctimas distraídas en bestias como ellos.

Los hombres perros despiertan por la noche cuando el espíritu del cambiante de forma flota lejos del cuerpo humano que descansa cómodamente en su hogar.

. . .

Los hombres perros, entonces, logran llegar a la víctima inconsciente y cambia la sumangat, o alma, de la desafortunada persona en un animal de carne deliciosa, como una cabra.

La cabeza del animal siempre se mantiene, inconvenientemente, humana para que el hombre mitad perro pueda simplemente removerla y salir corriendo con el cuerpo que había transformado en cabra. Al día siguiente, una vez que ha regresado a su forma original, el hombre perro realiza una gran barbacoa sin decirle a ninguno de sus invitados de donde surgió el platillo principal.

Esta tendencia global a creer en los hombres bestia (o mujeres bestia) podría significar muchas cosas. Podría ser que las personas de todo el mundo sienten un lazo primordial con los depredadores del mundo animal y crean la posibilidad de mezclas animales a través de sus religiones y mitos con la esperanza de poder experimentar esa unión. En ese caso, por supuesto, el vínculo primordial de un hombre es la pesadilla más bizarra de otro.

Otra posibilidad es que existan animales alrededor del mundo que la ciencia moderna aún no conoce, y se esconden en las partes más recónditas de los continentes, y que seguramente se ha tornado más complicado que puedan evitar al hombre moderno por completo. Sin importar tu punto de vista, una vez que aprendemos que cada sociedad de este mundo está contando las mismas historias viejas sobre criaturas híbridas, se vuelve muy difícil tomarlas todas como una mera coincidencia.

La mitología eslava

La capacidad de transformarse en una bestia es una porción integral de todos los sistemas mitológicos que han existido en las distintas culturas de la tierra. Los dioses de Grecia con frecuencia utilizaban sus poderes para convertirse en animales y lograr sus cometidos más fácilmente. Es fácil entender por qué lo consideraban mucho más sencillo y, al fin y al cabo, gozaban de mucha más velocidad y seguridad de lo que hacían en sus formas humanas. Por ejemplo, en la mitología escandinava, Odín cambiaba de forma en la de un águila, y uno de sus hijos, Loki, solía cambiar en la forma de un salmón. Las religiones del oriente abundan con historias de transformaciones en animales.

. . .

Para los dioses ancestrales, la línea entre la completa transformación del alma de un animal en el alma de un humano y de un humano en la de un animal es muy delgada.

Esta corriente de pensamiento, llamada metempsicosis, está basada en lo que se conoce como la consciencia degradada entre las bestias y los hombres. Esta creencia espiritual se refiere a que las almas de los animales residen en su propia realidad y estaba fuertemente presente entre los ancestros, y las leyes de su inteligencia e instinto eran mucho más complejas de lo que les damos crédito hoy en día, e incluso eran tomadas como retos que ningún hombre podía superar.

Bajo esta misma premisa se asumía que la consciencia humana era algo que había sido completamente perfeccionado antes de siquiera poder existir, y, en la corriente de la metempsicosis, los humanos pasamos buscando el origen de nuestra alma y de donde se deriva esta consciencia, esto lo logramos a través de sueños y alucinaciones que son solo reflejos de nuestra memoria que existió en otro plano de vida.

. . .

Por ende, en esta doctrina, aprendemos sobre las recompensas y castigos en la otra vida, y esta dependía de la condición en la que se encontraba el alma al momento de morir.

Por ejemplo, si regresamos a la historia de Licaón, un hombre salvaje y sediento de sangre, podía tener un alma exiliada de su propio cuerpo y que tomaría la forma de algo más, como lo podría ser una gran y salvaje bestia.

La inteligencia que los antiguos ancestros pudieron detectar en las bestias les parecía tan similar a la de los humanos, que solo es natural que no pudieran detectar la línea distintiva en lo que es el instinto y el uso de razón, al fin y al cabo, es popularmente conocido que el ser humano, o el Homo sapiens, se distingue de entre otros animales salvajes gracias a su elevada capacidad de razonar y tomar decisiones más allá de lo marcado por nuestro instinto animal.

Y, a veces, no solo tomaban la similitud entre las apariencias humanas y las de las bestias, sino también tomaban en consideración las percepciones de habilidad, persecuciones, deseos, sufrimientos, y dolor como si fueran propios, de esta forma fue que los humanos lograron entender las almas de los animales como similares a las suyas propias.

Es natural ver cómo esta percepción de la unión entre naturaleza y hombre puede manifestarse en las criaturas híbridas que percibimos hoy en día. Igualmente, esta corriente de pensamiento se replica en muchas de las religiones y comunidades indígenas alrededor del mundo.

Incluso, en algunas mitologías, las uniones entre el alma de los humanos y los animales no ocurrían simplemente a través de rituales o espiritualidad, sino con una unión carnal o física. Entre las historias ancestrales de Islandia podemos encontrar un ejemplo de esto mismo, entre ellas existe una leyenda que narra la historia de un guerrero Osage que estaba en busca de una mujer que desposar. Con el tiempo había llegado a admirar los hábitos elegantes y ordenados de los castores.

Al darse cuenta de que era una cualidad que buscaba en una esposa, decidió buscar en una colonia de castores a una mujer de dicha raza para tomarla en matrimonio. Fue guiado hasta ella por el jefe de los castores. Al entrar en la cabaña, el jefe castor le explicó al guerrero Osage que aquella castora que gentilmente peinaba los cabellos de sus hijos era su segunda esposa.

El castor le solicitó a su mujer algo de comer para cordialmente invitarle a quien le había abierto las puertas de su casa. Al escuchar esto, la madre castora llamó a la otra habitación de la cabaña, de la cual salió una joven mujer castora, y colocó pedazos de corteza de árbol para que su padre castor y su invitado, el guerrero Osage, pudieran disfrutar como recompensa por su arduo trabajo para proveer alimento.

Mientras comían y bebían, el jefe castor y el Osage empezaron a conversar sobre distintos temas. El jefe se jactaba de todas las victorias que su nación había tenido por sobre las horribles marmotas con quien compartían una milenaria rivalidad.

Le contó al Osage de las grandes construcciones que tenían los castores, desde las pesas de agua que construían solo con el poder de sus colas y la madera que recopilaban a los alrededores.

. . .

Le restregó, una y otra vez, la forma en la que finalmente terminaron la rivalidad con las marmotas, y como empezaron una era de paz y tranquilidad reunidos en pequeñas manadas, donde pasaban su tiempo comiendo, gozando, y haciendo el amor con sus mujeres.

La leyenda cuenta que mientras el jefe estaba perdido en sus sensaciones de grandeza, su joven hija tenía los ojos completamente fijados en el guerrero Osage, y con cada historia nueva de su padre tomaba la oportunidad de acercarse un poco más al humano. Llegó al punto donde su pata se encontraba reposando en el brazo del hombre, y pocos minutos después la había colocado alrededor de su cuello mientras untaba su mejilla peluda contra él.

El joven guerrero no pensó dos veces en devolver sus caricias, y lo hacía con el mismo entusiasmo que la joven castora le demostraba. Esto fue hasta que el viejo castor tomó un momento para respirar y pudo darse cuenta de lo que estaba sucediendo delante de sus narices. Apenada por su comportamiento, y temerosa del castigo que su padre podría desatar sobre ella, la doncella castora corrió a esconderse detrás de la figura de su madre.

. . .

Al comprender el significado de lo que había visto, y sin dudar de la buena voluntad del guerrero, sugirió que, para terminar con el pequeño teatro que habían montado, era mejor que el guerrero desposara a su hija "Ha crecido bien, y es la mujer más trabajadora de nuestra villa. No hay nadie que pueda alzar paredes de madera más altas con su cola en toda nuestra nación, puede roer un árbol más grande que la distancia que hay hasta el sol, y si dudas de su inteligencia puedes jugar un partido de ajedrez y ver quién resulta vencedor, y si te preocupa su limpieza puedes solo mirar su brillante pelaje".

El guerrero, a quienes los ancestros reconocían como su padre, no dudó ni de su inteligencia, ni su limpieza, ni su capacidad. Le afirmó al viejo castor que amaba a su hija y deseaba que fuera la madre de sus hijos. Fue así que el trato concluyó y el guerrero Osage desposó a una castora, y así trajo al mundo a humanos con alma de castores, cuyo deber era ser dedicados, trabajadores, limpios, e inteligentes por sobre todas las cosas.

El alma y el cuerpo

. . .

Para muchas personas en distintas religiones y periodos de la existencia, el cuerpo solo es un adorno que envuelve nuestra alma. La religión budista identifica el alma como un ente individual y el cuerpo como la materialización de la misma, pero nada más. Ellos creen que el cuerpo del alma no siempre tiene que ser humano, sino que también puede tomar la forma de una bestia, más específicamente un animal, entre más procesos pase el alma, más noble será el animal del que tome forma.

Incluso el mismo Buda, según narran, pasó por varias fases de la existencia; en una sus vidas fue una liebre; los budistas perciben a los animales con mucho respeto y les rinden reverencia, ya que uno de sus ancestros o incluso un familiar que recientemente había muerto podría estar ocupando el cuerpo y la forma de alguno de los animales que le rodean.

Esta idea de las almas que pueden llegar a tomar otras formas no es exclusiva de los budistas. Algunas personas han tenido experiencias extracorporales donde el alma se desprende del cuerpo. Este fue el caso de Mr. J. Holloway, del Banco de Inglaterra, quien era el hermano del fundador.

. . .

El ahora difunto Holloway cuenta que, durante una noche mientras estaba en cama sin poder dormir, una estrella de inusual intensidad había robado la atención de su mirada. El viejo burgués contaba la historia que, mientras se encontraba hipnotizado por ese resplandor, sintió cómo se elevaba fuera de su cuerpo, y sentía como algo que solo podía definir como su alma flotaba hacia el espacio.

Afligido por la idea de que su esposa se levantara a ver su cuerpo aparentemente muerto, se apresuró a entrar a su cuerpo de nuevo, con mucha dificultad. El viejo Holloway describió esto como "regresar de la luz para volver a entrar a la oscuridad", y que, mientras su espíritu estaba libre, sentía que alternaba entre la luz y la oscuridad, y sus pensamientos se concentraban solo en su esposa o la estrella.

El concepto del animismo propone que nuestra alma es libre de transformarse o viajar en diferentes formas y estas pueden llegar a ser ilimitadas. Diferentes religiones como el budismo y el hinduismo creen firmemente en esta evolución del alma. Es fácil entender, entonces, por qué muchos de nuestros ancestros consideraban la opción de transformarse en un hombre lobo como una posibilidad de que fuera un destino después de la muerte.

3

La historia de los hombres lobo

"Esperaba que me quemaran vivo si alguna vez me descubrían. En realidad, habían jurado hacerlo, al principio. Aún no sé por qué no lo hicieron, especialmente después de que le conté a la suprema corte sobre todo el mal que había creado. Les confesé que había matado a esos niños con mis propias manos y dientes cuando la locura de los hombres lobos cayó sobre mí, y devoré su carne.

Eso es verdad. Pero también les dije que el jefe del bosque me forzó a hacerlo, aquel con la capa negra y el caballo oscuro, y un beso helado como la muerte en mi mejilla que me dio al tomarme como su sirviente.

. . .

Solo era chico, no más de once años, cuando el joven hechicero Pierre me llevó a conocer a ese demonio en lo más profundo del bosque. El monstruo hizo una marca en nuestras piernas con sus uñas, como si fuera un cuchillo, y nos dio a cada uno una jarra de ungüento mágico y piel de lobo para que la usáramos.

Esta nos convertía en lobos cuando la colocábamos sobre nuestros cuerpos. Otra señal de que éramos suyos era que nos prohibía cortar nuestras uñas del pulgar derecho, y así dejamos que estas crecieran largas, gruesas, y retorcidas como las garras de una bestia. Al menos, así es como cuento la historia.

Recuerdo bien mi asesinato en marzo del año 1603, cuando devoré a una pequeña niña llamada Guyonne quien no tenía más de tres años en esta tierra. Había muchos otros, aunque a algunos únicamente los lastimé. La doncella llamada Marguerite Poirier pudo haber sido mía de no ser por esa lanza de hierro, pesada y puntiaguda, que lanzó tan fuertemente que me fue imposible morderla. Pero esa otra chica sirvienta, Jeanne Gaboriaut, quien me atrapó.

. . .

Era una mujer hermosa, y me encantó al grado de que le conté completamente sobre mi piel de lobo, y mis cacerías a niños pequeños, y como bebía la sangre de perros. Y luego la chica fue al magistrado y me llamó el loup-garou. Estaba en lo correcto, por supuesto.

Confesé. Pero después los jueces dijeron que no era correcto que fuera quemado en la hoguera, porque mi edad era demasiado joven y mi maldito padre me golpeaba. Dijeron que no se me había dado comida apropiada, y que no estaba en mis cinco sentidos. Así que me encerraron en este lugar, el convento del buen San Miguel el arcángel. Si alguna vez intento escapar, dijeron, me colgarán del cuello desde un gran árbol de roble, por seguro.

Así que han pasado siete largos años, y aquí me siento en esta habitación aprisionada, en los huesos, ya que la sopa y el pan negro que me ofrecen no me llena como los víveres sangrientos cuando corría libre. Mis dientes largos y afilados no pueden ser limados, y mis uñas aún crecen como grandes espinos. Pero el jefe del bosque ha venido dos veces para intentar llevarme de regreso.

. . .

No ha podido porque aquí, hago la señal de la cruz y el demonio debe huir de las tierras consagradas. Y en este cuarto, vigilado por estos buenos hermanos, yo, Jean Grenier de Saint-Antoine de Pizon, permaneceré hasta que la vieja muerte finalmente me agote y me arrebate de esta tierra.

Eso es más de lo que merezco después de lo que le he hecho a otros."

Jean Grenier era una persona real quien de hecho confesó haber matado a infantes, y murió en un monasterio en 1611 después de sólo ocho años de haber sido aprisionado. Nunca fue establecido si realmente realizó canibalismo; niños pequeños se habían perdido en la región, pero Jean estaba tan inestable mentalmente que las personas no estaban seguras si debían creer su confesión o no.

La clemencia que le otorgó la corte fue realmente inusual, ya que la quema había sido el castigo estándar para la brujería y actividad de hombre lobo por siglos.

. . .

Aunque otros aún se enfrentaban con ejecuciones horribles, el caso de Jean Grenier abrió la puerta para cierta comprensión del hecho de que las personas miserables usualmente acusadas de hechicería con frecuencia estaban enfermas mentalmente o probablemente habían realizado una confesión falsa durante la tortura sádica de los investigadores. Para el momento en el que los resultados del juicio de Jean Grenier se conocieron, de acuerdo con el autor Adam Douglas en "la bestia de adentro, "La era cuando las cortes de Francia tomaron en serio las confesiones de pactos diabólicos, ungüentos mágicos, y la metamorfosis de animales había terminado por siempre".

Entonces, ¿cómo es que las personas llegaron al punto donde los juicios de hombres lobos eran necesarios en primer lugar? Muchos investigadores creen que la idea de que un hombre y un lobo podrían intercambiar identidades empezó en las sociedades cazadoras de la era de piedra, cuyos miembros usaban pieles de lobo para alinearse con las habilidades de caza superiores del animal. Eventualmente, las personas empezaron a incrustar conexiones hombre/animal en sus religiones.

La ciudad ancestral de Catal Huyuk, donde ahora es Asia Menor, presumió una población de miles durante 6500 antes de Cristo. Pinturas en las paredes encontradas por arqueólogos en las ruinas de Catal Huyuk muestran a sacerdotes vestidos como buitres.

Estos pájaros eran utilizados para desnudar a los cadáveres de su piel, un proceso llamado excarnación, para que pudieran ser enterrados apropiadamente debajo del hogar de la familia. Algunas personas creen que los pájaros se consideraban mensajeros espirituales, porque se llevaban los cuerpos de un ser amado. Los lobos pudieron haber tenido un propósito similar, según algunos investigadores. Sacerdotes de otras sociedades podrían haberse vestido como lobos de la misma manera en que los líderes espirituales de Catal Huyuk representaban a los buitres servidores.

También sabemos que alrededor del año 3000 A.C. los egipcios adoraban a dioses con cabezas de animales. Anubis, quien usualmente era retratado con la cabeza de un jacal (lo más cercano a un lobo que existía en esa región), era considerada un guía hacia el inframundo.

Los jacales eran carroñeros, después de todo, y eran observados royendo huesos de los muertos. Es fácil ver cómo pudieron verse vinculados con el otro mundo en la mente de las personas.

Las pieles de animales, especialmente las de los lobos y osos, no estaban conectadas solamente con los cazadores y sacerdotes. La frase "volverse salvaje" viene de los guerreros nórdicos conocidos como "berserkers" (camisa de oso), quienes con frecuencia usaban pieles enteras, incluyendo las cabezas, en batalla, y esto fomentaba su propia ferocidad e incitaba el miedo en el enemigo, así luchaban salvajemente. El registro más temprano de la historia sueca, escrita por Snorri Sturluson alrededor de 1200 DC, denominaba a estos guerreros como "tan salvajes como sabuesos o lobos".

Las mujeres también podían ser berserkers. En un cuento escandinavo, el dios Thor le presumió a un conductor de ferry que había asesinado a ciertas mujeres berserker. El conductor se burló de él, diciendo que solo un debilucho mataría a una mujer.

Thor, de acuerdo a Peter Andreas Munch en "La mitología nórdica", respondió, "Las mujeres lobo eran hombres lobo, no mujeres reales; destruyeron mi bote mientras estaba en la orilla; me amenazaron con bandas de hierro, y amasaron a mi Thjalfi (el acompañante humano de Thor) como si fuera masa". Los berserkers que se podían convertir en lobos eran llamados vargr.

En Europa, la creencia en hombres lobo y otros cambiantes de forma se había vuelto común en la edad media. Por supuesto, los hombres lobo no eran las únicas criaturas que se creía rondaban los campos continentales. "En este mundo supernatural..." dice Kathryn A. Edwards en "Hombres lobo, brujas, y espíritus deambulantes", "...fantasmas y espíritus, hombres lobo y brujas, demonios y enanos, todos jugaban un rol" Pero desde las tierras de las Montañas de Cáucaso hasta las Islas británicas, los hombres lobos siempre parecían captar la atención especialmente.

Los licanos también merodearon las tierras de los tréboles y duendes, por ejemplo.

El historiador Montague Summers escribió, "La evidencia detrás de los hombres lobo en Irlanda es de antigüedad inmemorial y persiste a través de los siglos.

. . .

La licantropía era considerada, en general, como un defecto genético" Summers mencionó a un hombre llamado Faelad, o "formas de lobo", porque él y sus hijos se transformaban en lobos cuando sentían la necesidad de tener un festín con la pierna fresca de cordero del vecino.

La práctica de transformarse en lobos también podía ser resultado de una maldición.

El legendario San Patricio, un misionero cristiano en Irlanda en el siglo quince DC, fue ridiculizado por un clan que le aullaba como lobos.

El folclor dice que, como resultado, los hombres de esa familia fueron obligados a transformarse en lobos cada siete años.

Summers también cita a un arzobispo diciendo que "había muchos hombres lobo en Rusia quienes acechaban sobre todas las montañas del Cáucaso y el Ural" También contó sobre los Yakuts siberianos, quienes creían que sus chamanes, u hombres santos, no solo podían cambiar de forma, sino que también escondían sus almas dentro de animales para protegerlas, particularmente dentro de depredadores salvajes como osos o lobos.

Grecia estaba llena de cultos a los hombres lobos que adoraban a Zeus y Apolo durante la mitad de los años 1500. En 1542, un brote severo de licantropía entre los ciudadanos de Constantinopla forzaron a Solimán II a ejecutar al menos 150 de estas voraces "bestias" que rondaban la ciudad para proteger al resto de la población.

La práctica de la transformación era casi indistinguible del vampirismo en algunos de los países de Europa del este. Los voukoudlaks, u hombres lobo, eran condenados a vivir en sus tumbas como vampiros, saliendo solo durante la luna llena para satisfacer su sed de sangre humana.

En Serbia, cualquier cadáver que no se descompusiera dentro de un periodo razonable de tiempo era cuidadosamente atravesado con una estaca a la altura del corazón antes de ser enterrado de nuevo.

Desde el viejo mundo hasta el nuevo

. . .

Una vez que el cristianismo se arraigó en Europa después de que Constantina lo volviera la religión especial del imperio Romano, los hombres lobo, las brujas, y los hechiceros fueron declarados de origen satánico.

La iglesia se embarcó en una cacería masiva de brujas y hombres lobo, y ejecutó a prácticamente cualquiera que pareciera sospechoso, incluso por aberraciones físicas mínimas como cejas que crecieron demasiado cercas una de la otra o palmas con un poco de cabello en ellas. En solo un periodo de 100 años, desde el inicio de 1500 hasta 1600, 30,000 personas fueron acusadas de ser hombres lobo, o loup-garou, en Francia y usualmente quemados en la hoguera.

El investigador de hombres lobo Montague Summers dijo que en 1500 "…en Francia, especialmente, las actividades sospechas de poseer la capacidad de volverse un lobo florecieron sobremanera."

Un siglo, más o menos, después, cuando los países europeos empezaron a mandar barcos al continente americano, marineros, exploradores, mercantes, y negociadores trajeron las leyendas y creencias de sus tierras de origen. Los Estados Unidos terminaron obteniendo cuentos sobre loup-garou en asentamientos franceses antiguos como Green Bay, Wisconsin, y Nueva Orleans, Luisiana, así como juicios de brujas en Salem, Massachusetts, e historias de "waarwolf", también conocidos como hombres lobo, entre los emigrantes alemanes de Pensilvania. Algunos inmigrantes creían que los hombres lobo eran importados desde el extranjero, escondidos dentro de los cuerpos de aquellos que eran capaces de transformarse o albergados en sus grandes bodegas dentro de los barcos grandiosos. Hoy en día, las personas supersticiosas insisten que estas mismas criaturas infernales aún rondan el mundo contemporáneo por las noches.

4

La bestia de Bray Road

La neblina giraba sobre los campos de maíz en una noche oscura de Halloween a las afueras del pequeño pueblo de Elkhorn, Wisconsin. La estudiante de preparatoria Doris Gipson estaba tratando de evitar a los chicos pidiendo dulces cuando dejó la casa de su familia en Highway 11 durante esa misma noche de 1991.

De camino a recoger a uno de sus familiares en la ciudad, después de una fiesta, Doris decidió tomar la calle Bray Road, una calle estrecha de tres millas con solo dos carriles que era, usualmente, menos transitada que la ocupada Highway 11.

. . .

A medida que se acercaba a la intersección con Hospital Road manejando su Plymouth Sundance azul, sintió que una de sus ruedas frontales alzarse un poco, como si hubiera arrollado algo con el automóvil.

Temiendo que había golpeado a un gato o perro redujo la velocidad, y así continuó por otros 50 o 60 pies antes de detenerse. La neblina era gruesa y ver con claridad era un tanto complicado, especialmente a la distancia, así que Doris salió de su carro y dio un par de pasos hacia lo que hubiera sido lo que arrolló.

Para cuando había alcanzado la parte de atrás de su auto, para su sorpresa y horror, Doris vio una enorme criatura emerger de entre la neblina. Estaba corriendo directamente hacia ella en dos patas. "No era un perro; era más grande que yo" después recordó haber pensado. Tenía un porte poderoso, una cabeza como la de un lobo o perro, y estaba cubierta de pelaje desaliñado. Ella podía escuchar como sus patas pesadas se azotaban contra el pavimento mientras corría. Doris inmediatamente saltó dentro de su carro de nuevo, pero la criatura se abalanzó contra él y dejó marca de zarpazos en la parte de atrás del automóvil.

Doris logró escapar hacia la ciudad, pero luego volvió a casa a través de la misma ruta y fue capaz de ver a la criatura huyendo hacia la oscuridad de la noche.

La joven estudiante le contó a algunos de sus compañeros en la preparatoria Elkhorn Area lo que había visto, y uno de los conductores del autobús escolar escuchó su historia y se dio cuenta de que su propia hija, Lori, había tenido un encuentro con la misma criatura un par de años antes mientras manejaba de regreso a casa, al terminar su trabajo como mesera, en Elkhorn. Resultó que otros residentes de distintas áreas también habían visto a la bestia. Todos la describieron como alrededor de dos metros, cubierta de pelaje café oscuro y de apariencia salvaje, con la cabeza de un lobo o un pastor alemán, y ojos amarillentos que miraban con furia y parecían retar al observador. Algunos lo vieron en cuatro patas, algunos en dos.

En muchos casos se le vio devorando a un animal que había sido golpeado en la carretera o a un venado.

Lori y Doris, junto con otros, contactaron al Oficial de Control Animal del condado de Walworth, esperando que pudiera proveerles una explicación sobre lo que habían visto. No pudo satisfacer la curiosidad de los habitantes, pero llenó un par de reportes y los resguardó en un sobre manila etiquetado como "Hombre lobo". Así fue como las personas empezaron a llamarlo, ya que un hombre lobo era precisamente cómo se veía. El conductor del autobús, mientras tanto, llamó a un autor que estaba trabajando como reportero para un periódico del condado de Walworth en ese tiempo. El editor rápidamente decidió que un condado con un caso oficial denominado como "hombre lobo" era digno de ser vuelto una noticia, y el reportero escribió una historia sobre la criatura que tituló "La bestia de Bray Road".

La historia fue eventualmente recogida por la prensa asociada y recibió una gran cantidad de publicidad.

Camiones enteros llenos de turistas desde Illinois llegaron a ver Bray Road con la esperanza de ver un hombre lobo, los mercantes vendían galletas y camisetas de hombre lobo, y un político local que buscaba un puesto de elección afirmó que el hombre lobo lo apoyaba.

Las personas que vivían en Bray Road se cansaron rápidamente de los supuestos cazadores de hombres lobo que iluminaban sus ventanas con los flashes de las cámaras y traspasaban su propiedad usando trajes camuflados, y empezaron a reportar a los acosadores de noche a la policía.

El frenesí de los medios continuó. Pero la parte más extraña de toda la situación fue que no solo los reporteros y programas de televisión llamaban a los habitantes del condado; muchas otras personas quienes habían tenido sus propias experiencias también estaban llamando para reportar avistamientos. Se volvió muy evidente que este no era un grupo de incidentes aislados, y era fácilmente explicado como un "coyote deformado", la cual era la explicación favorita del sheriff local. El primer avistamiento fue en 1936 cerca del condado de Jefferson, y los incidentes seguían hacia el sur por encima del borde con Illinois y hasta Milwaukee.

Incluso un conductor de radio de WTCM en Traverse City, Michigan, llamó para decir que tenían una criatura similar ahí conocida como el Hombre Perro de Michigan, basada en antiguos cuentos de campamentos en el bosque.

Las historias continuaron emergiendo poco a poco durante los siguientes 10 años. Muchos shows de televisión visitaron Elkhorn para filmar documentales sobre la bestia de Bray Road, y un productor de Hollywood intentó, sin éxito, que una película se realizara al respecto. (Un grupo llamado The asylum publicó una película no relacionada bajo el título de "la bestia de Bray Road en 2006) En 2003, el libro "La bestia de Bray Road: Buscando al hombre lobo de Wisconsin, fue publicada, y la publicidad resultante atrajo una nueva cantidad de reportes de avistamientos.

Muchos de los reportes fueron sobre eventos que habían ocurrido años atrás, pero los testigos, con frecuencia, confesaban haber estado demasiado asustados para decirle a cualquiera, creyendo que eran la única persona en el mundo que había visto un verdadero hombre lobo.

Pero leer los reportes de otros testigos les hizo sentir que finalmente podían hablar al respecto, o al menos eso dijo una parte de ellos. Y no todos eran de Wisconsin. Dos hermanos de la parte norte de Nueva York, cerca del lago Champlain, escribieron para decir que habían visto a dos de las criaturas con cabeza de lobo corriendo a un lado de una carretera, andando en sus patas traseras. Un director funerario del sur de Georgia encontró uno en un pantano mientras estaba cazando. Aparentemente enardecido por haber sido encontrado, un hombre lobo de dos metros de altura se abalanzó hacia él como si quisiera atacar.

. . .

El hombre fue capaz de dejar el lugar en su camioneta, pero cuando volvió al día siguiente, encontró huellas de lobo, pero eran mucho más grandes que la de un animal común. Reportes también llegaron desde el sureste de Wisconsin, norte de Wisconsin, de hecho, llegaron de todos lados, excepto Bray Road. La criatura parecía haberse espantado y huido gracias a toda la publicidad y solo había sido reportada en la vecindad una vez desde el inicio de 1990. La bestia también pudo haber tenido algunos amigos.

Un número más pequeño de personas ha reportado haber visto lo que se veía exactamente como un Pie grande un poco más bajo.

Hay grandes diferencias entre las dos criaturas. La bestia, u hombre lobo, tiene una cabeza como la de un licántropo o un perro de raza pastor alemán, con orejas largas y puntiagudas sobre su cabeza, y un largo hocico. Su pelaje está desaliñado y largo, pero no parecía ondear. A veces es visto con una cola, y sus patas están construidas como la de un canino. Deja detrás suyo huellas similares a la de un perro. La criatura conocida como Pie grande no tiene orejas visibles, y su pelaje ondea sobre su cuello como si fuera una capa, y el movimiento de sus patas cuando camina se parece a la de un humano. Sus huellas son planas y similares a las que dejaría una persona normal, únicamente mucho más grandes.

Aún así, algunas personas creen que la bestia de Bray Road es realmente un pie grande pequeño. Otras personas creen que solo es un engaño.

Es cierto que un par de jóvenes granjeros que vivían en la calle tuvieron un poco de diversión al espantar a algunas personas con máscaras de Halloween, y que un granjero gruñón una vez utilizó un traje de gorila para asustar a unos adolescentes y dejaran de estacionarse en su tierra. Pero ninguno de esos eventos puede justificar todos los avistamientos a lo largo de los años en otros lugares.

Algunos creen que la criatura nunca ha sido atrapada porque vive en un mundo espiritual la mitad del tiempo. El sureste de Wisconsin es único, ya que tiene muchas efigies construidas por nativos americanos y moldeadas con las formas de una variedad de animales.

¿Podría la bestia de Bray Road ser un espíritu guardián dejado atrás por aquellas personas para proteger sus efigies sagradas?, ¿o es el hombre lobo algún tipo de criatura sobrenatural conjurada por chamanes o magos modernos? Interesantemente, no se ha documentado un caso de un humano que haya sido lastimado con esta criatura, lo cual es consistente con la teoría de que sea un ser espiritual.

Otros argumentan que la bestia de Bray Road es realmente una criatura desconocida, posiblemente sobrante de la era antigua cuando animales gigantes, o megafauna, rondaban este continente. Tendría que haberse escondido inteligentemente del hombre, quizá viviendo en cuevas y túneles bajo tierra, y tendría que ser muy inteligente para poder adaptarse a las condiciones cambiantes del clima y recursos alimenticios. La bestia de Bray Road ha sido lo suficientemente lista para no ser atrapada o disparada hasta ahora, a pesar de todas las personas que han intentado hacerlo en la última década o más. Mientras tanto, los reportes sobre avistamientos de esta criatura en distintas partes de Estados Unidos continúan.

5

Los verdaderos hombres lobo

Los LOBOS alguna vez florecieron en India como lo hicieron en otros lugares salvajes alrededor del mundo. Siendo la especie adaptativa que son, los lobos con frecuencia hacen sus guaridas en lugares inesperados – incluso en montes cónicos gigantes dejados atrás por colonias en termitas en la India. Así que no le pareció a dos hombres algo terriblemente inusual cuando descubrieron a varios lobos corriendo de un cono masivo de tierra en las áreas salvajes del suroeste de Calcuta, un día cualquiera de 1920. Lo que los sorprendió fue el hecho de que dos mujeres humanas pequeñas, de entre tres o cinco años de edad, también salieron arrastrándose de él, y aparentemente habían estado viviendo dentro del refugio de tierra con los lobos.

. . .

Las niñas no querían ser "rescatadas", según reportaron los hombres. Gruñendo, mordiendo, y pateando salvajemente, ellas actuaban como dos pequeñas mujeres lobo. Uno de los hombres, un misionero llamado Reverendo Singh, las llevó de regreso al pequeño orfanato que administraba. Después de conseguirlo y asegurarse de que habían sido bañadas y estaban completamente limpias, llevó a cabo una misión para intentar enseñarles comportamiento humano apropiado. Llamó a la más joven Amala, y a su supuesta hermana mayor Kamala. Pronto se le ocurrió que la publicidad sobre dos niñas lobo salvajes podría beneficiar financieramente a su orfanato.

Sin embargo, pronto se dio cuenta de que, aunque había sido exitoso al sacar a las niñas del hogar de los lobos, no era tan sencillo arrebatarles las costumbres que habían aprendido. Se rehusaban a comer otra cosa que no fuera carne cruda, corrían usando todas sus extremidades, y solo se intentaban parar apropiadamente cuando Singh colocaba carne sobre sus cabezas de la misma manera en la que se les enseña a los perros como rogar por ella.

No parecían tener interés en la compañía humana, pero adoraban a un cachorro de hiena que habían llevado al orfanato para que jugaran con él. Se rehusaban tercamente a ser atadas a la casa, orinaban y defecaban donde y cuando quisieran.

Su comportamiento continuó alterando a cualquiera que las observara. Una de las niñas, al encontrar una vaca muerta cerca de la instalación, atacó la carcasa con sus manos y dientes, y secretamente arrastró parte de ellas al jardín del orfanato donde podía morderlas como se le antojara. Singh escribió que, en la oscuridad, los ojos de ambas chicas brillaban vagamente de un color azul extraño. (Muchos investigadores lo han acusado de inventar esto, ya que los ojos humanos no poseen las membranas necesarias para reflejar la luz como lo hacen aquellos animales.) Las chicas también aullaban repetidamente en intervalos regulares y se resistían a aprender incluso las palabras más sencillas para comunicarse.

Amala murió de una infección de riñón solamente un año después de haber sido tomada del monte de termitas.

Kamala vivió ocho años más después de eso, hasta 1929. Finalmente había logrado aprender algunas palabras e incluso formar oraciones sencillas. Había adquirido la habilidad de ir al baño, también, y tenía permitido asistir a los servicios de la iglesia. Tristemente, Kamala también se enfermó de una infección del riñón un 14 de noviembre.

. . .

Amala y Kamala no eran las niñas de la India que se decía habían sido crecidas por lobos. Un "niño lobo" fue encontrado en Sikandra en 1867 y otro cerca de Allabahad en 1926. Estos niños "salvajes" o "ferales" siguen la tradición del mítico "Romulus y Remus", los fundadores legendarios de Roma quienes se decía habían sido amamantados por una mujer lobo. La evidencia actual de que cualquier madre lobo alimentó y cuidó de infantes humanos tristemente no existe. El experto animal Lois Bueler afirma en "Perros Salvajes del Mundo" que "…ya que los lobos alimentan a sus cachorros por menos de dos meses y subsecuentemente los alimentan con comida regurgitada, sería imposible que un infante humano pudiera sobrevivir de esta manera."

Aun así, es fascinante poder contemplar como una persona podría haber resultado de haber sido nutrida por lobos, y sin padres humanos, iglesia, escuela, televisión u otras influencias que la mayoría de las personas toman por sentado. Pero ¿Cómo podría un crecimiento tan crudo convertir a un humano en un hombre lobo?

Es cierto que las historias con frecuencia enfatizan las preferencias de los niños ferales por la carroña y la carne cruda, algo que también se cree es particular de los hombres lobo, y que sus uñas y pelo son largos y similares a una garra gracias a una pobre higiene. Pero ni siquiera los entusiastas más lunáticos de Kamala y Amala se han arriesgado a afirmar que las niñas desarrollaron colmillos, orejas puntiagudas, vello corporal, u otras de las características de los hombres lobo.

Eran completamente humanas, solamente muy poco civilizadas. Un investigador, Bruno Bettelheim, se dignó a afirmar que Amala y Kamala estaban sufriendo de un desorden mental infantil conocido como autismo.

El autismo se caracteriza por falta de empatía con otras personas, habilidades sociales reducidas, en ocasiones intelecto reducido o incrementado, y, dependiendo de la variación o el espectro de la misma enfermedad, resistencia al cambio o dificultad para adaptarse a situaciones distintas a las ya conocidas.

Pero incluso si algunos niños ferales han existido realmente, es muy poco probable que alguien pudiera haberlos confundido con un lobo o un hombre lobo.

. . .

El reverendo Singh supo inmediatamente, el día que las encontró en ese nido de termitas, que estaba viendo a niñas pequeñas y humanas, no híbridos de lobo, no importa cuánta tierra tuvieran encima o como movieran sus brazos y piernas.

Entonces no es probable que los niños ferales puedan ser utilizados para explicar la idea de los hombres lobos.

Desórdenes del vello

Hay personas que padecen otra extremadamente rara condición, que los vuelve demasiado velludos, quienes han sido otorgadas el crédito detrás de la inspiración de los hombres lobo. Los individuos nacidos con una característica conocida como hipertricosis congénita pueden desarrollar velo grueso y alargado sobre más del 90 por ciento de sus cuerpos, y esto puede llegar a incluir sus rostros.

Una familia mexicana apellidada Ramos-Gómez es famosa por estas características. Algunos miembros de la familia tienen más vello que otros, pero unos cuantos están casi completamente cubiertos por pelaje oscuro.

. . .

Los hijos Ramos-Gómez, Víctor y Gabriel, se autodenominan "los hermanos lobo", y han viajado alrededor del mundo como parte de un grupo de acróbatas de trapecio. También existe un joven en China, llamado Yu Zhenhuan, quien se hace llamar "Chico pelo" y es 96 por ciento peludo. Es músico, y sueña con convertirse en la primera estrella de rock peluda del mundo.

Aun así, es claro que estas personas no son hombres lobo.

Son seres humanos ordinarios en todos los otros sentidos, y no se sienten obligados a aullarle a la luna o correr por la pradera tratando de devorar carne humana. No tienen hocicos, colmillos, ni colas. Y si se sometieran a ser rasurados por todo el cuerpo, remover el vello de su cuerpo con láser, o incluso contratar a una depiladora con mucha paciencia, no parecerían un lobo en lo absoluto.

Algunos escépticos han sugerido que una enfermedad llamada porfiria pudo haber sido la responsable de las leyendas de los hombres lobo. La porfiria es otra condición congénita que causa una extrema sensibilidad a la luz, decoloración de la piel y dentadura, y a veces la malformación de huesos y cartílago. La porfiria puede incluso generar hipertricosis; otros síntomas también incluyen alucinaciones e histeria. Las personas con una forma extrema de esta enfermedad, al no ser tratada, pueden actuar en maneras extrañas y verse anormales.

Pero también, la condición no causaría que una persona pueda ser confundida con un lobo sin una gran imaginación.

Licantropía

Las personas que creen que realmente se han vuelto lobos durante las noches de luna llena con frecuencia se autodenominan licántropos o licanos, en honor al rey griego Licaón. Licantropía también es el nombre que los psicólogos le otorgan a cierto desorden mental.

También es llamada "la furia del lobo" en ocasiones y puede incluir síntomas como aullar, merodear cementerios, y sentir antojo de comer carne cruda o carroña.

Los psicólogos dicen que no importa cuánto una persona con licantropía puede aullar, morder, arrastrarse, o intentar rascarse las pulgas de sus orejas, el sentimiento de poseer el cuerpo de un lobo solo es una alucinación.

De acuerdo a Rosemary Ellen Guiler en "La enciclopedia de vampiros, hombres lobo, y otros monstruos", la licantropía está ligada a una variedad de condiciones mentales como la esquizofrenia, desorden de personalidad múltiple, desorden bipolar, abuso de drogas, vampirismo clínico, retrasos mentales, necrofilia, y otros desórdenes psicológicos. Además de eso, algunos individuos diagnosticados con licantropía pueden sentirse extremadamente alienados de la sociedad, tener una obsesión con cualquier cosa considerada "demoníaca", e incluso sentir una sed de consumir sangre. Pero, añade en su libro, ha sido considerada una enfermedad mental desde 130 DC cuando un doctor griego llamado Galen la describió por primera vez.

Para aquellos que creen que cambiar la forma física de su cuerpo es demasiado problemático, existe una segunda versión de la licantropía llamada teriomorfismo. Las personas que recaen dentro de esta categoría afirman transformarse solo espiritualmente mientras que sus cuerpos se mantienen humanos.

. . .

El teriomorfismo puede o no ser asociado con los desórdenes psicológicos; aquellos que se autodenominan teriomorfos engloban una gran variedad de creencias y prácticas, desde simple fantasía hasta juegos de roles usando un disfraz del animal y simulando su comportamiento en áreas públicas. El teriomorfismo también puede referirse a cambiar de forma en la de un animal diferente de los lobos.

Sin embargo, como explicaciones para los avistamientos de criaturas erectas y velludas o lobos feroces con un apetito por la carne humana, el teriomorfismo y la licantropía se quedan cortas por las mismas razones que la teoría de los niños ferales y los individuos con hipertricosis no encajan por completo con las descripciones de los avistamientos. Las personas afectadas por las condiciones siguen siendo humanas, y siguen siendo reconocidas como tal. Y es muy complicado confundir a un ser humano con un lobo.

Existe otra ruta para creer que tu persona se ha vuelto un lobo u otro depredador sin realmente desarrollar pelaje u otras características.

. . .

Alrededor del mundo, chamanes altamente entrenados o practicantes de la espiritualidad tribal han afirmado que el "depredador interno" puede ser experimentado al ingerir ciertas drogas, hongos, u otras substancias alucinógenas que pueden inducir estados de trance. Estas substancias con frecuencia son peligrosas para la salud física o mental, pero diferentes individuos han afirmado que sus experiencias se sienten muy reales.

En el año 1951, chicas jóvenes en pijamas blancas estuvieron confinadas en sus camas gracias a una extraña fiebre y delirios, empezaban a gritar que flores rojas brillantes estaban creciendo de sus cuerpos. Hombres adultos se quejaban de que sus cabezas no estaban hechas de piel, sino que habían sido calentadas hasta el punto derretirse, y estaban listas para chorrearse por sus almohadas de pluma. Los niños intentaron asesinar a sus padres con sus propias manos. Muchas personas tuvieron visiones sobre cosas terribles como cráneos que sonreían y observaban lascivamente a través de los agujeros donde solían estar sus ojos, e incluso soñaban con manadas enteras de tigres salvajes. En general, 300 personas cayeron víctimas de un sorprendente arreglo de alucinaciones psicóticas.

. . .

La epidemia pudo no haber sido tan dañina si las personas se hubieran quedado en sus camas, pero la misteriosa enfermedad les hizo a las personas querer merodear por el pueblo o brincar de los edificios como si fueran un superhéroe. Algunos incluso demostraron señales de tener fuerza sobrehumana. Algunos de ellos murieron, sus sistemas cardiovasculares fueron destruidos. Después de varias semanas, la policía finalmente rastreó la enfermedad hasta el pan horneado de una panadería cuya harina había sido contaminada por claviceps, un hongo que crece en los granos húmedos. El claviceps alberga una gran cantidad de químicos potentes y, de hecho, es la fuente de un poderoso alucinógeno conocido como LSD.

La intoxicación por claviceps no era un concepto nuevo en el área. Corría libremente a lo largo de la mayoría de Europa durante los fríos y húmedos años de 1250 a 1750, y causaba muchas muertes y enfermedades entre las personas pobres quienes generalmente comían pan de centeno. Los historiadores también lo han culpado por el extraño comportamiento que llevó a muchos a ser acusados de hechicería y comportamiento particular de un hombre lobo durante las cacerías de brujas medievales.

Pero esta pesadilla francesa en 1951 demostró que las personas modernas no son inmunes a una de las enfermedades más terribles que incluso alguna vez fue llamada "El fuego de San Antonio".

En el siglo 16, en Europa, un libro de alquimia y magia titulado "Magiae Naturalis" (o Magia Natural) escrito por Giambattista della Porta ofrecía instrucciones sobre qué hierbas consumir para poder inducir alucinaciones sobre el poder del cambio de forma.

La poción empezaba con una copa de vino, dentro de la cual se mezclaban sustancias altamente peligrosas como belladona, o solanáceas, mandrágoras, y beleño negro.

Algunos ingredientes extremadamente tóxicos también se combinaban para hacer los "ungüentos mágicos" que muchos aspirantes a hombres lobo medievales aplicaban sobre sus cuerpos para poder transformarse. Conium, sangre de murciélago, y hollín son solo unos ejemplos.

En resumen, si este fuera un juego de programa de televisión y le pidiéramos al verdadero hombre lobo que se pusiera de pie – niños ferales, licántropos, hombres peludos, o consumidores de claviceps – ninguno de ellos podría hacerlo realmente. Para la mayoría de ellos, cualquier sensación de ser un hombre lobo existía únicamente en su cabeza. Aunque pueden existir casos donde personas impresionables han confundido a personas con hipertricosis o convulsiones de claviceps con hombres lobo de carne y hueso, estas condiciones sólo pueden justificar una pequeña fracción de los avistamientos a nivel global.

6

Universos alternos

Dos hermanas jóvenes, de edades siete y diez, estaban jugando en el patio de la granja familiar al norte de Wisconsin sin pensar en un mundo más allá del suyo. De repente, alzaron sus miradas alarmadamente para descubrir que un tipo de bestia velluda y salvaje se estaba acercando a ellas. Al frente suyo se extendía un campo abierto rodeado de árboles y separado por un camino con una cerca eléctrica. La bestia estaba parada sobre el camino, observando, solo a una corta distancia lejos de las sorprendidas hermanas. Según narran, parecía ser un lobo oscuro y amenazante.

Antes de que las niñas pudieran gritar o huir, el lobo dio la media vuelta y caminó directamente contra la cerca eléctrica. Las niñas continuaron observando, aterradas, pero al mismo tiempo fascinadas, mientras el lobo continuaba caminando hacia el bosque y, repentinamente, cambió su forma a la de un oso. Finalmente, antes de alcanzar los primeros árboles, desapareció sin dejar rastro.

El padre de las niñas reportó esta historia, porque incluso varios años después de que el incidente ocurriera, las niñas, quienes aún insistían que había ocurrido, se rehusaron a hablar con otras personas fuera de la familia sobre lo que habían visto ese día. Ambas hermanas vieron lo mismo, así que no pudo haber sido una alucinación.

Aunque es cierto que existe la posibilidad que fuera solo un invento, su padre no cree que eso fuera posible.

Él tenía confianza de que sus hijas hubieran eventualmente dicho la verdad y admitido que estaban haciendo una broma si ese fuera el caso.

No tenían nada que ganar al mentir, y no eran conocidas por ser niñas que inventaran historias extrañas. Sus padres creyeron por completo que sus hijas vieron un ente cambiante de forma que podía adoptar la figura de un lobo y un oso. Y existen muchas otras personas que insisten que eso es exactamente lo que los hombres lobo son: cambiantes de forma.

Si esto es verdad, ¿significa que los hombres lobo no son "reales"? Como discutimos inicialmente, la naturaleza de la realidad puede ser tan elusiva como cualquier otra criatura desconocida. Pero el hecho de que dos testigos distintos vieron a la misma criatura y la secuencia de eventos vuelve poco probable que solo haya sido una alucinación.

Por supuesto, la prueba física siempre es deseable.

¿Podría ser la criatura considerada real si hubiera rebotado contra la cerca y dejado un rastro de huellas o algún otro tipo de evidencia? Es posible que ni siquiera esto hubiera sido suficiente para convencer a un escéptico de que la historia de las niñas es real.
Pero historias sobre animales con propiedades sobrenaturales son básicas en cualquier cultura.

Y lo que estas niñas vieron es muy similar a algunas de las tradiciones nativo-americanas más conocidas.

. . .

La idea de que los hombres lobo no son criaturas naturales, sino que son habitantes del mundo espiritual o, quizá, de otra dimensión es común entre las personas indígenas de Norte América. Creen que los hombres a veces tienen el poder de transformarse, o cambiar, su forma humana a la forma de alguna otra criatura, y que a veces los animales pueden cambiar a una forma humana también. Rituales mágicos, ayuno, el consumo de ciertas plantas psicotrópicas, y entrenamiento espiritual disciplinado son métodos utilizados por los chamanes para permitir el cambio de forma.

Pero el proceso no está necesariamente limitado a los hombres que practican medicina tradicional.

David Camina-Como-Oso, un miembro de la Nación Shawnee que ha trabajado la mayor parte de su vida como un guardabosques en Michigan, escribió una columna para su sitio web que cita: "Para los indios, el cambio de forma es aplicada en la cacería, canciones y bailes, curación, y la guerra. Un valiente indio estudiará a su espíritu animal por muchos años para aprender todos sus manierismos y peculiaridades, intentando volverse uno con él o como él" Él cree que algunos de los famosos soldados perro de Cheyenne, una fuerza elite de batalla de la nación Cheyenne que existió a mitad de los años 1800, pudieron haber sido verdaderos cambiantes de forma.

"Los hombres perro de Cheyenne" comenta Camina-Como-Oso "Supuestamente fueron eliminados por la armada de los Estados Unidos. Pero hay historias, que han sido contadas por los ancianos, que hablan sobre cómo algunos de los hombres perro realmente se transformaron en los "perros reales" que imitaban durante sus batallas. Por ende, estos individuos lograron escapar del asesinato planeade del ejército americano durante la "Batalla de Summit Springs" en Colorado".

Camina-como-Oso cree que es una posibilidad que los hombres perro de Michigan sean la población remanente de algunos de estos soldados que se transformaron por siempre en perro.

La idea de que los espíritus de hombres y animales pueden migrar de un anfitrión a otro es llamada metempsicosis. En un artículo de la revista Atlantic Monthly en 1871, un reportero intentó encontrar una razón histórica detrás de la idea de los hombres lobos, el escritor John

Fiske describió la metempsicosis como una creencia en "la cercana comunidad de la naturaleza, entre el hombre y lo bruto." En este tipo de sistema de creencia, sería lógico asumir que la figura o forma de un animal seguiría a su espíritu a los adentros de un anfitrión humano. Pero como con la mayoría de las cosas en el reino paranormal, la evidencia tangible que pueda fundamentar esta teoría es vaga o escasa. Al no existir cuerpos tangibles que puedan ser estudiados, los investigadores deben encontrar pistas en los reportes de aquellos que han visto a las criaturas. Las afirmaciones dadas en esas historias son conocidas como evidencia empírica (o evidencia de anécdota).

Una evidencia empírica puede involucrar telepatía, o el intercambio de pensamientos entre una mente y otra. Una gran cantidad de testigos han insistido que las bestias con las que se han encontrado se comunicaron con ellas telepáticamente. En "cazando al hombre lobo americano", Renee Fritz reporta haberse topado por accidente a una criatura con cabeza de lobo mientras manejaba hacia su trabajo muy temprano por la mañana, en octubre de 2004, cerca de Sharon, Wisconsin. Sintió que el extraño ser le "dijo" a través de impresiones mentales que, si revelaba el avistamiento a otras personas, la encontraría y "atraparía". Renee estaba tan aterrada por ello que le tomó tres días reunir el coraje para contarle a su marido. Afortunadamente, la amenaza lanzada por la criatura parecía haber sido de dientes para afuera. En lugar de buscarla, este supuesto hombre lobo la dejó en paz.

La idea de que un animal o ser sobrenatural puede proyectar un mensaje telepático a un humano es aparentemente inverosímil. Aun así, muchos seres humanos de carne y hueso afirman tener habilidades telepáticas, y los científicos las han investigado y los han puesto a prueba, aunque aún no se ha obtenido evidencia conclusiva.

Así que, si realmente existe una criatura como un lobo o perro que camina erguido, ¿Quién dice que no podría ser un poco psíquico también?

Perros infernales y lobos fantasmas

Los hombres lobo y sabuesos enormes que desaparecen y aparecen son un tema completamente distinto. En el folclor británico abundan las historias de "perros del infierno" o "sabuesos del infierno" y perros negros que con frecuencia son vistos como guardianes de los muertos o el inframundo. Las leyendas sobre los perros del infierno más antiguas probablemente están relacionadas con la observación de perros, lobos, y otros caninos que hurgaban las áreas de entierro. Uno de los primeros ejemplos es el "perro del infierno" griego llamado Cerbero. Cerbero es descrito en la mitología como un perro enorme de varias cabezas (usualmente tres). Es el guardián de las puertas de Hades y previene que los individuos puedan escapar de sus dominios. Muchos escritores, artistas, y diseñadores famosos han utilizado a Cerbero como inspiración o personaje dentro de sus propios universos, comúnmente sirviendo la misma función que en la mitología original.

En la mitología nórdica, el guardián de la puerta del infierno es un híbrido de lobo y perro, enorme y sanguinario, llamado Garm. En el día del fin del mundo, conocido como Ragnarok, Garm finalmente romperá sus cadenas y permitirá que las puertas del infierno se queden completamente abiertas.

En el sur de Alemania, una de las áreas más obsesionadas con cazar y matar supuestos hombres lobos en los tiempos medievales, las iglesias solían tener "libros milagrosos" en donde los feligreses podían registrar y narrar sus ocurrencias extraordinarias o cuando sus plegarias hubieran tenido una respuesta. Aunque no todas las entradas en ese libro estaban escritas con un espíritu de gratitud. Una mujer usó el libro milagroso en el altar de

Santa Anastasia para reportar que un perro negro fantasma la había maldecido. Las autoridades de la iglesia asumieron que el sabueso era Satanás mismo. En la misma área de Benedictbeuern, un lobo sin cabeza que caminaba erguido anonadó a un pastor hasta dejarlo sin aliento cuando repentinamente apareció entre sus ovejas.

Otros libros también incluyen varias incidencias modernas sobre avistamientos de perros fantasma. Una de ellas es la historia de un hombre de Wisconsin que se había aterrado por completo gracias a haberse encontrado con una criatura erguida con un "cuerpo completamente negro y muscular" y un rostro que se veía "justo como el de un hombre lobo" prado a fuera de su baño una mañana. Cuando logró alcanzar un bate de béisbol para poder defenderse, la criatura vagamente transparente desapareció.

Igualmente, se incluye la historia de seis adolescentes que se encontraba explorando una cabina abandonada junto a un lago, esta se rumoraba ser propiedad de una bruja, sin embargo, solo lograron encontrarse con la amenazante figura de un lobo erguido que se materializaba de entre la oscuridad. Los jóvenes corrieron por sus vidas, pero, para su tranquilidad, el lobo fantasma no los siguió.

. . .

Es imposible decir de donde se originan estas versiones fantasmagóricas y mitológicas de los lobos.

La imaginación humana es una fuente posible, pero las leyendas e historias afirman que existe un mundo espiritual desde donde estas criaturas cruzan. A veces, las criaturas traen a un amigo o dos para que puedan visitar la tierra junto con ella.

Las ocurrencias extrañas, aparentemente, rara vez ocurren de manera aislada una de la otra. Investigadores paranormales prominentes como el académico veterano y autor John Keel han notado que donde se asoma un evento inesperado, usualmente otro está destinado a ocurrir después. Llama a estos lugares, que tienen incidencias bizarras repetidamente, áreas "ventana".

En un área de Texas, las personas han reportado haber visto a pie grande, panteras negras, luces inexplicables, y otras cosas extrañas, todas alrededor del área de la Reserva Nacional Big Thicket. Las "panteras" negras, a veces también referidas como "gatos misteriosos", también han sido reportadas en Wisconsin y Michigan cerca de los lugares donde han ocurrido avistamientos de hombres lobo.

· · ·

Ambos estados también están plagados de avistamientos de luces no identificadas, tal como la famosa luz de Paulding en el lejano oeste de la Península Superior de Michigan. Las explicaciones para este fenómeno de luces van desde gas pantanoso hasta reflejos de luces de automóvil que funcionan de manera automática y rebotan contra una de las colinas que se encuentran a lo lejos, pero los testigos también cuentan sobre cómo las luces los siguieron o persiguieron de manera cercana, o que habían experimentado dificultades electrónicas con sus vehículos cuando las luces pasaron junto a ellos. Robb Riggs, en su libro dentro del Big Thicket: En busca del hombre salvaje" escribió "la asociación de energías productoras de luz misteriosas y avistamientos de criaturas similares a un simio es reportada una y otra vez por investigadores independientes".

Al decir "criaturas similares a un simio", Riggs probablemente se refiere a Pie Grande o el Sasquatch, a quien con frecuencia se le conoce como Chimpancé Zorrillo en los estados del sur. Pero muchas veces, los testigos asumen que cualquier humanoide erguido y velludo debe de ser pie grande, incluso si porta una cabeza, cuerpo, y piernas similares a las de un perro.

· · ·

Es posible que al menos unos cuantos de los reportes de avistamientos de Pie Grande pudieron haber sido realmente caninos que caminaban erguidos, u hombres lobo, y viceversa. Extrañamente, la mayoría de los lugares donde los hombres lobo han sido vistos también albergan su propia cantidad de avistamientos de Pie Grande.

Un investigador del tema en Texas, Richard Van Dyke de la Fundación Americana de Investigación Antropológica, diferenció entre los dos tipos de criaturas en una entrevista y se refirió a las criaturas con forma de lobo y que caminaban erguidas por su nombre local "Snout-nose" (hocico alargado), pero sin importar los nombres que se les dé, parece ser que estos humanoides erguidos y peludos con frecuencia se encuentran juntos, coexistiendo en el mismo hábitat, y donde uno es visto, es muy probable que el otro también aparezca.

La idea de que diferentes tipos de criaturas erguidas y peludas comparten hábitats similares tiene mucho sentido. Es probable que compartan las mismas necesidades de agua, caza, y refugio.

Pero esto no explica por qué luces extrañas y panteras negras también aparecen en la misma área. Una teoría sugiere que todos estos fenómenos sólo son diferentes formas de un truco que ocurre en la mente de los humanos por las propiedades electromagnéticas de ciertas formaciones rocosas. Partes del cerebro humano pueden ser afectadas por ondas electromagnéticas, por ende, la exposición a estas áreas puede resultar en alucinaciones de ciertas imágenes básicas como luces o formas de animales.

El Autor Paul Devereux, quien ha investigado los "sitios sagrados" ancestrales en Europa y América del norte, descubrió que estos lugares con frecuencia contenían grandes cantidades de rocas "magnéticas" que causaba que un compás de aguja girara sin control. "Existe evidencia experimental que demuestra que el cerebro humano es susceptible a este tipo de pequeños cambios en el ambiente de un campo magnético" escribió en su libro "Tierra encantada" "y que esto puede detonar sensaciones que comúnmente son consideradas visionarias o paranormales".

En este caso, todas estas criaturas y fenómenos misteriosos podrían ser solamente fragmentos de nuestras mentes fértiles. Pero no todo avistamiento de fenómenos extraños ocurre cerca de una roca magnetizada.

. . .

Un reporte geológico muy gráfico tendría que probar esta teoría en cada una de las locaciones donde cosas extrañas han sido vistas.

Quizás las rocas no tienen nada que ver con las criaturas extrañas. Otra explicación posible sostiene que Pie Grande, los hombres lobos, las panteras negras, y las luces extrañas (incluyendo las luces del pantano y objetos voladores no identificados) son manifestaciones de un espíritu terrestre o de la naturaleza que es capaz de transformarse y se presenta en cualquier forma que le sirva mejor para el propósito que tenga. En Escocia, estos espíritus son llamados Kelpies, y con frecuencia se manifiestan en la forma de un caballo o una hermosa doncella para traer a las personas hacia un lago o río donde eventualmente son ahogadas.

Sin importar si se origina del cuerpo y la mente humana o de algún lugar dentro del "mundo espiritual", la teoría de los cambiantes de forma liga finamente los fenómenos de las criaturas que desaparecen y la variedad de cosas extrañas asociadas con ellas. Desafortunadamente, no se ha establecido un método científico para probar la existencia de cambiadores de forma. Queda como responsabilidad de cada investigador independientemente decidir cuánto peso otorgarle a cualquier compilación de evidencia empírica.

Muchos seguirán buscando pruebas físicas y tangibles de que estas criaturas realmente caminan entre nosotros.

7

Estafas e ilusiones

Dos ADOLESCENTES que estaban en busca de un poco de privacidad para un momento de romance, en una noche de verano durante los inicios de 1990, decidieron que una calle callada en las afueras de la ciudad llamada Bray Road podría ser justamente lo que estaban buscando. A solo unas cuantas millas lejos del pequeño poblado de Elkhorn, Wisconsin y alineada con los campos de maíz y un par de granjas, el camino parcialmente oculto parecía un lugar seguro y alejado de los ojos curiosos. Es cierto, habían escuchado rumores en la escuela sobre una criatura erguida y con cabeza de lobo que acechaba entre los agujeros de la zona, pero los jóvenes se convencieron de que únicamente eran leyendas urbanas que chicos aburridos seguramente habían inventado.

Estacionaron su automóvil cerca de unos arbustos que crecían al lado del camino donde pudieran tener un poco más de privacidad. Era tarde por la noche, la casa granjera a unos metros de ellos estaba completamente oscura, y el único sonido que se escuchaba era el chirrido de los grillos que yacían en los campos. Pero justo cuando estaban a punto de besarse, la chica saltó y comenzó a gritar aterrada. Algo café y peludo estaba encogido justo afuera del vehículo, intentando observar a través de la ventana. Cuando su novio giró la cabeza para corroborar qué era lo que había espantado a la chica, la criatura huyó hacia los arbustos. Inmediatamente, los adolescentes decidieron que las leyendas sobre la bestia de Bray Road eran completamente ciertas. En menos de unos cuantos minutos, ya se encontraban en camino de regreso al pueblo a toda velocidad.

Esta historia, que además es verdadera, pudo haber sido un gran pedazo de evidencia empírica y un muy útil testimonio, este podría probar la existencia de una criatura similar a un hombre lobo en Wisconsin. Todo esto hubiera sido maravilloso, ¡si no hubiera sido porque la criatura era una completa estafa!

El perpetrador de este engaño había estado rentando una granja en Bray Road y se había hartado de que los adolescentes se estacionaran en las periferias de su propiedad. El hombre había escuchado los rumores de que un hombre lobo rondaba la vecindad, al igual que todos los habitantes del pueblo, y decidió que era hora de ponerle un alto a todos los abusos de traspaso hacia su hogar.

El arrendador consiguió un traje de gorila, y decidió esperar recostado en las orillas de la carretera por la siguiente pareja inadvertida que se estacionaba en sus tierras.

Mientras se acercaba lentamente hacia el automóvil en su peludo disfraz, el hombre se dio cuenta de que una simple mirada a través de la ventana sería suficiente para aterrorizar a los jóvenes enamorados.

Resultó estar en lo correcto, ya que los frenéticos adolescentes corrieron rápidamente la noticia de que había sucedido un nuevo encuentro con la bestia.

Por supuesto, ya habían ocurrido muchos otros avistamientos en Bray Road que no pudieron ser una estafa o un engaño, fueron incidentes donde los testigos habían tenido una visión clara de la criatura y podían ver que su cabeza y piernas eran similares a las de un canino.

. . .

Pero saber que este caso en específico de engaño intencional ocurrió, y que otras bromas del mismo estilo también sucedieron en otras áreas famosas por sus avistamientos de monstruos, siempre inspira una sensación de prudencia en todos aquellos que quieran investigar a criaturas extrañas.

De nuevo, estos sucesos simplemente le quitan mérito a la evidencia empírica de otros testigos, e historias de estafas son las favoritas de los escépticos para desprestigiar las teorías formadas con base en estos testimonios.

Al fin y al cabo, si criaturas animales desconocidas que caminan erguidas existen, ¿dónde se encuentran sus cuerpos?

No es sorpresa que esa sea favorita de los escépticos modernos y amantes del método científico, y siempre ha sido un camino rocoso que genera muchas preguntas incluso a los más experimentados criptozoólogos. Así que, cuando un hombre de Minnesota llamado Frank Hansen, llegó con el cuerpo de un primate, muy similar al del hombre, desconocido, y congelado en los años 1960, los investigadores de ambos bandos estaban muy emocionados.

. . .

Este ser era evidencia sólida, aparentemente, de que el eslabón perdido entre el hombre y el primate en realidad existió. Y si lo que eventualmente fue conocido como "El hombre hielo de Minnesota" es probado como una nueva especie, entonces cualquier otra cantidad de humanoides con pelaje, incluyendo a los hombres lobo, podrían ser más fácilmente aceptados como realidades de carne y hueso.

"Hay un cadáver comparativamente fresco" comenzó el investigador y autor Ivan T. Sanderson en un artículo para el tomo de mayo de 1969 de la revista Argosy "preservado en hielo, de un espécimen de un al menos un tipo de familiar humano, completamente cubierto por vello, y ultra primitivo que deja en evidencia a muchos otros personajes antiguos, inesperados, y no-humanos, que no nos puede garantizar que realmente sea nuestro "eslabón perdido".

A Sanderson le habían informado que Hansen estaba exhibiendo esta criatura en ferias y plazas comerciales alrededor del medio oeste, así que fue a verlo junto con el Dr. Bernard Heuvelmans, un miembro de la Academia Real de Ciencias Belga. Heuvelmans era considerado un experto en lo que se conoce como el "abominable hombre de las nieves". Los hombres estaban convencidos de que la criatura, que tenía casi dos metros de altura y estaba cubierta con vello café de hasta cuatro pulgadas de longitud, era genuina y no era una especie que la ciencia conociera en ese momento.

Describieron la nariz como "con textura de cerámica mojada", con fosas nasales amplias. Las bolas oculares habían sido "empujadas fuera de las cavidades oculares", probablemente por un disparo de escopeta (Hansen afirmaba haberle disparado en 1960 mientras se encontraba cazando venados durante la temporada de caza en Aurora, Minnesota).

Tenía manos extremadamente grandes, y sus pies tenían 10 pulgadas de ancho. "Reto a cualquiera a engañar a Bernard Heuvelmans en un caso como este" afirmó Sanderson. "No puedes únicamente "hacer" un cadáver como este, sea con partes de los cuerpos de otros animales, o con cera, con alrededor de medio millón de vellos incrustados dentro de ella". Además, según reportan, olía similar a carne putrefacta.

Aun así, el Hombre Hielo de Minnesota eventualmente sería declarado falso por muchos investigadores. El dueño del cadáver continuaba cambiando su historia sobre dónde y cuándo lo había encontrado, y se rumora que después de que Sanderson y Heuvelmans hicieran su examinación, el verdadero cuerpo fue removido y una copia barata lo sustituyó en nuevo bloque de hielo. Otros dijeron que el cuerpo siempre fue falso, mientras que un par insistían que el cambio de apariencia fue gracias a que el bloque de hielo con frecuencia se derretía y posteriormente era vuelto a congelar. Hoy en día, ni el cuerpo original ni el modelo que se realizó (si es que realmente existió un modelo) está disponible para ser examinado, y el polémico debate sobre la autenticidad del hombre hielo de Minnesota no demuestra señales de calmarse.

Las hienas

Cada vez que algo similar a un hombre lobo es avistado, las autoridades locales y escépticos proveen todo tipo de sugerencias e insinuaciones acerca de lo que los testigos pudieron haber visto "realmente". A veces las sugerencias son incluso más absurdas que la criatura que se supone debería explicar. Un animal frecuentemente ofrecido como la posible "verdadera" identidad de supuestos hombres lobo es la hiena.

El único problema con esa teoría es que una hiena está completamente fuera de lugar en cualquier parte de Norte o Sudamérica, ya que en estas áreas no pueden ser encontradas en su hábitat salvaje. Cualquier hiena que se pueda ver, seguramente se había escapado de un zoológico, circo, o un santuario animal.

Los escapes de animales a veces ocurren. Un periódico local en el condado de Paulding, Ohio, reportó un incidente como tal en 1858.

La estación de noticias Cleveland Plain Dealer declaró el 6 de febrero de ese mismo año que una hiena de circo se había escapado en las periferias del condado de Pauldin y estaba ocupadamente cavando las tumbas de algunos fallecidos y aterrorizando a todos los que tenían contacto con ella. La bestia ya había atacado a dos hombres hasta matarlos según reportaba el artículo.

Después de que los residentes del área, intentando satisfacer su necesidad de estar enterados sobre el fenómeno de la hiena libre, habían comprado los suficientes periódicos para mantener la nota en circulación, el reportero confesó que había inventado toda la historia. En este caso en particular, no hubo consecuencias mayores a un descontento de la comunidad por haberse sentido engañados. Pero es fácil imaginar que un investigador intrépido, que estuviera navegando entre periódicos antiguos, un siglo o dos después, pudiera toparse con el encabezado e ignorando la admisión de culpa que el reportero emitió posteriormente, y eventualmente terminar con la conclusión de una criatura similar a una hiena realmente corrió en libertad alrededor de todo el condado de Paulding.

Este altamente popular caso ayuda a probar el dicho común "No creas todo lo que lees" - especialmente periódicos viejos. La mayoría de las personas no se percata que, en los años 1800, la mayoría de los poblados americanos tenían varias imprentas altamente competitivas, y se volvió una práctica aceptada que los reporteros escribieran historias exageradas similares a lo que los tabloides de hoy en día hacen para atraer a nuevos lectores. Es muy probable que más de una leyenda local sea el resultado de información incorrecta que jamás fue evaluada como el ejemplo de la historia de la hiena.

Es bueno recordar, también, que en muchas ocasiones los animales son identificados incorrectamente. La criatura por la cual ocurrieron una gran cantidad de avistamientos de hiena en Superior, Wisconsin, en agosto de 2006, y fue fuertemente reportada entre la población del área, terminó siendo nada más un lobo local que había perdido casi todo su pelaje gracias a un caso muy severo de sarna.

. . .

Un adolescente aburrido perpetuo también otra estafa en 1969, en el condado de Calhoun, Alabama.

Las personas manejando sobre caminos rurales en el área reportaron haber visto una criatura peluda, que caminaba erguida, y tenía un par de cuernos en la cabeza bailando en los agujeros junto al camino. Se le denominó el Monstruo Choccolocco, gracias a la calle Choccolocco donde solía ser visto, y mantuvo a los locales en gran pánico por semanas.

Finalmente, los avistamientos se detuvieron misteriosamente. El monstruo jamás tuvo una explicación hasta 2001, cuando un reportero de Annison Star, Matthew Creamer, anunció en una historia de Halloween, que Neal Williamson finalmente había confesado la verdad sobre el origen de la bestia cornuda. Williamson, quien tenía 15 durante el tiempo de los incidentes, tuvo la idea de divertirse un poco al ponerse un abrigo largo cubierto de pelo y un cráneo de cabra, esconderse entre los arbustos en la oscuridad, y saltar para fastidiar a los motoristas que pasaban por la carretera.

Realizó este pequeño truco al menos cuatro veces, pero eventualmente saltó en frente de un motorista que tenía un rifle en la mano y por poco terminó con un par de balas en su cabeza.

Por suerte, el tirador no tenía una gran puntería, pero este pequeño encuentro con la muerte fue suficiente para convencer a Williamson que era el momento de poner el cráneo de vaca de nuevo en el armario.

Interesantemente, según Creamer, la descripción de la criatura evolucionó con el tiempo a medida que más y más residentes se encontraban con la bestia de Williamson. El color del vello cambió de gris oscuro a blanco y negro, y los dientes prominentes que habían visto los primeros testigos posteriormente se dijo que estaban escondidos detrás de vello puntiagudo y grueso. Las personas se convencieron más y más de que era verdadera a medida que los avistamientos continuaron. Creamer citó a uno de los residentes diciendo que "Yo sabía que era el booger" (Booger significa "moco" y era un término usado comúnmente para referirse a los monstruos del pantano).

Williammson se divirtió por un buen rato con su pequeño baile monstruoso que eventualmente se tornó en la característica principal del monstruo de Choccolocco.

Pero los buenos samaritanos del condado de Calhoun no estaban particularmente emocionados de descubrir que habían sido las víctimas colectivas de la broma secreta de Williamson que había protegido por tantos años.

¿A quién creerle?

Historias como las de la hiena de Paulding y el monstruo Choccolocco son merecedoras de la siguiente pregunta: ¿qué tan confiables son los testimonios de las personas? ¿Podemos aceptar que Pie Grande y criaturas similares a los hombres lobos existen cuando todo lo que tenemos sobre ellos es únicamente evidencia empírica? Los escépticos con frecuencia se escudan en que las personas son notablemente poco confiables cuando se trata de reportar incluso incidencias mundanas o describir a otras personas. Y si puede ser demostrado que los observadores con frecuencia se equivocan cuando reportan la aparición de otros seres humanos, ¿podemos esperar que los testigos oculares de criaturas desconocidas den descripciones más exactas?

De acuerdo con Michael C. Dorf, en un artículo llamado "¿Qué tan confiable son los testigos oculares?": "numerosos estudios psicológicos han demostrado que los seres humanos no son muy buenos identificando otras personas que vieron por única vez por un periodo de tiempo relativamente corto. Los estudios revelan que las tasas de error pueden ser hasta de un 50%" Dorf también señala que el estrés puede afectar la capacidad de las personas para identificar a un extraño.

Estos estudios fueron conducidos en personas que intentaban identificar a otros humanos en una lista de testigos, no un objeto alto, oscuro, y peludo que se escondía entre los árboles frondosos.

Pero si la conclusión del experimento de que los poderes de observación humana no son tan confiables como nos gustaría creer que son, entonces las historias de los testigos oculares parecen ser un tipo de evidencia un tanto débil para probar la veracidad de estas criaturas, particularmente si las situaciones son estresantes, ¡y ver a una enorme y peluda criatura seguramente lo es!

Sin embargo, hay un par de diferencias importantes que hay que notar entre los estudios de testigos humanos y encuentros con criaturas extrañas. En los estudios citados por Dorf, ninguno de los sujetos de prueba estaba intentando averiguar si lo que vio fue simplemente humano o algo animal. En su lugar, los participantes se encontraban con la compleja tarea de intentar emparejar los rasgos faciales de un completo extraño a su propio recuerdo la persona que obtuvieron al mirarla rápidamente una vez.

Los testigos oculares de grandes humanoides peludos, por otro lado, comúnmente tienen la misión de identificar qué tipo de criatura han visto. No necesitan preocuparse de distinguir un hombre lobo de otro. La diferencia entre estas tareas puede llevar a diferentes tasas de éxito cuando se solicita una recolección posterior de la identificación.

Imagina dos filas de sospechosos que tienen que ser identificados. En una, se le solicita a un testigo escoger entre tres hombres caucásicos que tienen una altura similar y cabello café, pero rostros distintos.

En la segunda fila de sospechosos, se le solicita al testigo que apunte a la criatura que vio – un oso, un venado, o un ente con cabeza de lobo que caminaba erguido. Es probable que las tasas de éxito sean mucho mayores en la segunda fila de sospechosos. Algo que es muy poco usual es mucho más fácil de recordar.

Los testigos de criaturas con frecuencia afirman que la imagen del ente que vieron se quedó grabada completamente en sus mentes, lo cual la volvía inolvidable. Y aún así, el artículo citado anteriormente también señaló que incluso testigos en juicios humanos que insistieron en haber estado seguros de lo que habían visto no eran necesariamente más confiables que otros testigos con mayor rastro de duda.

Si se puede demostrar que las memorias de los testigos no siempre son completamente confiables, entonces, ¿qué prueba física, también conocida como evidencia sólida, de la existencia de los hombres lobos está disponible? Fotografías o moldes de huellas de patas y pies, muestras de pelaje, o de heces, o lo mejor de todo, un espécimen de la criatura, viva o muerta, podrían entrar en esta categoría.

Con las nuevas técnicas de análisis de ADN, casi cualquier pedazo real de un animal puede generar las respuestas a muchas preguntas. Sin embargo, hasta ahora, evidencia sólida además de huellas, que son escasas cuando se trata de pie grande, hombres lobo, monstruos del océano, y otros fenómenos desconocidos.

Aquellos que persiguen y buscan a estas criaturas insisten que son lo suficientemente inteligentes para ocultar sus rastros físicos, quizá lo hacen escogiendo áreas son suelos que no son lo suficientemente suaves para dejar huellas definitivas. Después de todo, una raza de monstruos enormes y peludos tendría que ser muy habilidosa en el arte del escondite para poder estar fuera de los radares y vista humana por tantos siglos. Estas habilidades también incluyen poder disponer apropiadamente de sus muertos y probablemente incluso cubrir sus heces.

Aun así, es difícil imaginar que al menos un esqueleto o pila de excremento no haya caído en manos humanas curiosas y deseos de investigar en algún punto de su existencia.

Finalmente, incluso si el pelaje de un hombre lobo o pie grande es encontrado algún día, analizado, y declarado oficialmente como perteneciente a una criatura no identificada, su autenticidad seguirá siendo cuestionada porque no existe nada en los registros con lo cual pueda ser comparado. Ninguno de los laboratorios existentes posee una muestra del ADN de un hombre lobo.

8

La estructura de un hombre lobo

Para el transeúnte promedio, Eau Claire puede verse como un poblado del norte de Wisconsin perfectamente normal. Lleno de hogares y negocios dentro de sus límites citadinos, y calles que se vuelven rurales y apedreadas rápidamente a medida que alcanzan las afueras.

Pero a veces, estos caminos aparentemente normales también pueden sacar a relucir su lago tenebroso.

En el invierno de 2004, un hombre y su hijo de Mondovi, un pueblo cercano al tranquilo Eau Claire, manejaban de regreso a su hogar a altas horas de la noche desde un concierto al que habían asistido en el poblado vecino, cuando de repente se encontraron en una calle poco familiar y estrecha que estaba rodeada de bosques nevados. Viajaron sobre ese mismo camino por alrededor de una milla, mientras el hijo de 12 años se ponía cada vez más nervioso, antes de que su Ford Contour Sedán se detuviera repentinamente.

"El motor murió, pero el radio y el aire acondicionado siguen funcionando" dijo el padre "así que debemos de esperar un momento, mover las manivelas internas, andar un poco más, y hacerlo de nuevo una y otra vez hasta que lleguemos" Finalmente arribaron al pueblo de destino, pero primero se detuvieron por una hamburguesa antes de encaminarse de nuevo hacia su casa. De nuevo, se encontraron en la misma avenida traicionera. Por segunda vez el motor del auto se descompuso, solo que esta vez el hombre azotó su pie contra los frenos e hizo que automóvil derrapara; durante este movimiento, el vehículo arrolló a un animal que parecía ser un alce, la criatura se acercó a él, lo olió, y luego caminó de regreso dentro del bosque.

Aterrado por lo que acababa de atestiguar, el hombre y su hijo intentaron hacer que el auto anduviera de nuevo, a pesar de que el motor volvía apagarse cada 50 o 100 yardas. Apenas habían llegado a una curva pronunciada cuando el padre miró por el retrovisor y se llevó el susto de su vida. "Vi algo que nunca había visto antes" dijo "creí que era un hombre lobo, y en mi familia no somos realmente aficionados a la ciencia ficción. Estaba cruzando la calle a unas 30 yardas atrás de donde estábamos nosotros, en cuatro patas con un andar un poco extraño – sus hombros realizaban todo el esfuerzo. En este punto, el auto no encendía, no tenía nada de energía. Luego mi hijo se voltea y logra darse cuenta de que esa cosa estaba caminando hacia nosotros.

Cuando vio nuestro auto, hizo algo similar a lo que hacen los caballos cuando se están preparando para correr, movió sus patas delanteras de una manera un tanto extraña, y caminó en dos patas por un momento, después continuó caminando hacia nosotros en sus cuatro patas".

En este punto de la historia, el hombre se encontraba frenéticamente intentando volver a encender el motor de su vehículo, y finalmente logró su cometido cuando la criatura se encontraba a solo unas 10 yardas lejos de ellos. El hombre dio la vuelta sobre la curva, pero la criatura los siguió en dos patas. "Dio como seis o siete pasos mientras estaba parado sobre sus patas traseras" dijo el padre "y en ese momento, los dos estábamos gritando. Luego se volvió a encoger para ganar velocidad. Después de esto, la criatura se rindió y regresó al bosque en lugar de continuar con la persecución."

"El animal era del tamaño de un mamut" dijo "No logré verlo por completo en el rostro, pero sus orejas eran largas con una punta pronunciada, como si fuera la pluma de un penacho. Al día de hoy, aún no estoy seguro de qué nombre darle, o siquiera saber qué era" añadió "pero puedo asegurar que no era un oso, lobo, o perro. Sentí como si realmente estuviera persiguiéndonos. Fue completamente atemorizante."

Así como esta historia demuestra, una característica de las criaturas supuestamente híbridas es su habilidad para caminar en dos patas (bípedamente) o en cuatro (cuadrúpedamente). Esto sorprende a los observadores porque normalmente, los animales de todo tipo, incluyendo al hombre, están diseñados para caminar de una forma y otra.

Los humanos, por ejemplo, son bípedos; las espinas dorsales y los hombros de los humanos no están diseñados para andar en cuatro patas. Las piernas humanas están unidas a las rodillas demasiado cercanas al piso, de esta forma es difícil trotar o caminar de la misma forma en la que lo hace un cuadrúpedo, ya que la cabeza está alineada de tal manera que, cuando se paran en cuatro patas, las rodillas queden boca abajo en lugar de al frente.

La mayoría del resto de los mamíferos son cuadrúpedos; incluso los más majestuosos simios como los chimpancés y gorilas normalmente se inclinan hacia adelante y utilizan sus nudillos para impulsarse sobre el suelo. Es importante señalar que las personas que se han encontrado con pie grande, considerado por la gran mayoría como una criatura similar a un mono, siempre hacen énfasis en que camina en dos patas y aparenta ser bastante diestro en su caminata.

Existen algunas excepciones para estas reglas de cuadrúpedos y bípedos. Los mamíferos saltarines como el pequeño jerbo del desierto y los canguros y wallabies de Australia son bípedos, pero no de la manera tradicional en la que lo son los humanos. Algunos pájaros y lagartijas realmente pueden correr sobre sus patas traseras, lo que los hace técnicamente bípedos, pero es claro que ninguno de estos ejemplos podría, ni en los sueños más bizarros, ser confundido por un enorme hombre lobo. (Pero esto no significa que otras personas no hayan afirmado que vieron un hombre pájaro o un hombre lagartija).

. . .

También, algunos cuadrúpedos tienen la habilidad de pararse sobre sus patas traseras para comer o analizar sus alrededores. Los osos son conocidos por alzarse momentáneamente para poder mirar a su alrededor o para poder alcanzar algún panal de abejas y poder devorar su dulce miel.

Existe un antílope que fue encontrada en el Este de África, conocido como "la gacela de Waller" o "gerenuk", que se pone de pie para poder alcanzar las hojas que disfruta más, y usa las pezuñas delanteras para sostener las ramas y poder devorar las hojas, sin embargo, este suceso ocurre bajo ciertas condiciones (cuando se está alimentando) y es claro que no corre por la selva parado en dos patas.

Los animales heridos o deformados también pueden ser una historia diferente. Uno de los videos más famosos y descargados de la web es un segmento de un perro llamado Faith, quien nació con solo un trozo de sus extremidades delanteras. Faith fue entrenada por su devoto dueño para caminar con sus patas traseras, y fue la noticia estelar en varios programas de televisión nacional.

. . .

Fue durante los últimos días de diciembre de 2002, en Oklahoma, cuando una chow hembra dio a luz a una camada de cachorros de raza mixta, varios de ellos con deformidades. Uno, el último de la camada, nació con una de sus extremidades frontales completamente deformada e inútil, y sin la otra extremidad frontal.

El joven Reuben Stringfellow, quien tenía 17 en ese tiempo, rescató al cachorro y lo llevó a casa con su madre, Jude, quien adoptó a la indefensa criatura y la llamó "Faith". La pata deformada tuvo que ser removida cuando Faith cumple siete meses, y la familia se dio a la exhaustiva tarea de enseñarle a caminar en sus patas traseras. ¿Cómo? Sobornándola con galletas para perros y haciendo que se pare en dos patas para alcanzarlas.

Desde entonces, Faith ha sido invitada a muchos shows de televisión nacional, desde ediciones especiales de Oprah, hasta programas de noticias nocturnos, uno de los cuales es uno de los videos más vistos en las plataformas de videos.

Se la muestra caminando, no saltando ni cojeando, por la calle junto a su dueño. Su cuello se inclina un poco por delante como corresponde a su alineación espinal canina, lo que vuelve interesante mencionar que aquellos que han atestiguado a un supuesto hombre lobo con frecuencia mencionan que la criatura que vieron caminaba en dos patas naturalmente, pero su "cuello estaba encorvada hacia adelante".

Pero este video es una prueba de que es totalmente posible que un canino camine en sus patas traseras si cuenta con la motivación suficiente.

Por supuesto, es poco probable que Faith, o cualquier otro animal nacido sin las extremidades frontales, sea capaz de sobrevivir en la naturaleza. Faith tuvo humanos que la protegieron, alimentaron, y entrenaron. En la vida salvaje, no hubiera tenido forma de atrapar comida y hubiera sido una presa fácil para carnívoros de mayor tamaño.

Por ende, no parece probable que daños a las extremidades frontales pueda ser una explicación viable para los caninos salvajes que se han visto caminando erguidos. De todos los avistamientos de hombres lobo que caminaban rectos, ninguno ha sido reportado como falto de extremidades o patas frontales. En realidad, muchos testigos han notado que las criaturas usan sus "brazos" para cargar cosas como la carcasa de un animal o incluso usándolas para acumular agua y beberla posteriormente.

Quizá la habilidad de usar sus patas frontales para tomar comida y agua le daría a esta criatura salvaje una ventaja. Un carroñero o cazador con un platillo demasiado grande como para comer de una sola vez tendría menos inconvenientes si pudiera tomar su comida y cargarla hasta un lugar seguro, para esto necesitaría usar sus manos, ya que arrastrarlo con el hocico, como lo hacen la mayoría de los depredadores, puede ser agotador e incómodo. Esta habilidad también sería más conveniente para observar con mayor detenimiento y cuidarse de los depredadores mientras se encuentra comiendo, ya que lo haría en una posición recta y erguida en luchar de inclinada hacia abajo mientras come sobre el suelo.

¿Podría ser que un grupo de caninos ha sido capaz de adaptar su postura de caminata para poder obtener estos beneficios? De ser así, es fácil entender cómo nuestros breves y ocasionales encuentros con ellos, mientras realizan diferentes acciones y actividades usando una postura erguida, podría ser tan confusa y sorprendente, ya que es tan similar a como los humanos realizamos nuestras actividades que podría fácilmente confundirse con el concepto de un hombre lobo.

Por supuesto, aquellos que favorecen la idea de que estas criaturas son sobrenaturales, ya sean entes que cambian de forma humana a animal o de la forma contraria, dirían que es "natural" que la criatura proyecte características de la moneda dimensional. Si un cambiante de forma realmente tiene la habilidad de transformarse, de carne y hueso, en criaturas u objetos diferentes a la suya, ¿qué tan difícil le podría resultar cambiar de caminar en cuatro patas a dos?

Pensar un poco sobre la anatomía de las piernas de animales de carne y hueso, también ayuda a distinguir a los hombres lobo del otro gran y cuestionable ente del bosque llamado Pie grande. Algunos han especulado que las criaturas que se ven como hombres lobo realmente son otra forma de pie grande, aunque sean solo un primo un poco más pequeño que habita en el este.

Sin embargo, como mencionamos antes, las descripciones de Pie grande plantan a la criatura firmemente en la familia de los primates. Y las huellas de estos mamíferos tienen una cosa en común: involucran a un pie entero que es apoyado por completo sobre el suelo.

. . .

Este tipo de huella es conocida como plantígrada. Otros animales como los osos también generan huellas plantígradas.

Sin embargo, los lobos, perros, y gatos, dejan detrás suyo lo que conocemos como una huella digitígrada (es decir que usa las puntas de los dedos). Los animales digitígrados caminan sobre las yemas de sus dedos, sobre lo que sería la parte más acolchonada de sus pies, haciendo que la articulación del "talón" quede un poco más arriba y lejos del suelo, en una posición que es más similar a la rodilla de un humano que su talón. Pero una rodilla se dobla hacia adelante y un talón hacia atrás, así qué se ve raro cuando la criatura camina.

En las pocas instancias donde este tipo de criaturas desconocidas han dejado huella, la diferencia entre las de hombres lobo y Pie grande realmente se vuelven aparentes. Todo el mundo sabe cómo se ven las enormes, planas, y humanoides huellas de Pie grande. Las huellas de los hombres perro u hombres lobo se ven como si un perro de gran tamaño o un lobo hubieran dejado una marca en el suelo.

. . .

Y sin duda lo más sorprendente de esto es que estos caninos bípedos puedan ser capaces de caminar en esas patas traseras digitígradas, ya que estas no están diseñadas para soportar su peso entero.

En resumen, aunque es inusual, no es físicamente imposible que un canino camine sobre sus patas traseras. La estructura ósea de este tipo de animales es consistente con la postura "jorobada" y las "piernas dobladas" que los testigos han reportado. Quizá estas criaturas realmente puedan ser una nueva especie, o quizá una antigua especie que ha evolucionado sobremanera en los últimos años.

9

Los hombres lobo y la magia negra

El ritual de conversión

Como hemos mencionado anteriormente, según diferentes aspectos de la mitología antigua, la licantropía puede ser hereditaria, y cuando no se transmite por la sangre, tiende a ser obtenida a través de algún tipo de ritual de magia negra; sin embargo, se rumoraba que la brujería también solía correr en familias, o usualmente eran clanes enteros quienes se la enseñaban unos a los otros.

En primer lugar, es necesario que la persona que está interesada en convertirse en un hombre lobo sea un creyente verdadero y puro en los poderes superiores de los mismos. Es decir, si el individuo no cree en la superioridad de los hombres lobo sobre los humanos, probablemente no pueda consumar el ritual como debe ser debido.

Asumiendo que el sujeto ha realizado las reflexiones espirituales necesarias para llegar y apoyar esta afirmación, lo siguiente que debe realizar es un completo alejamiento de aquellas cosas que abruman a los hombres. Recordemos que para muchas culturas los espíritus animales eran entidades sagradas, como es el ejemplo de los nativo-americanos, y no otorgaban su poder o bendición a los hombres y guerreros que eran lo suficientemente débiles como para aferrarse a los deseos mundanos de los humanos.

Por ende, la mayoría de los rituales eran llevados a cabo en lugares solitarios donde el ser puede conectarse con los espíritus de la naturaleza, tales como los desiertos, el interior de algunos bosques, especialmente aquellos considerados sagrados, y las cimas de las montañas.

Una vez que haya escogido la locación que más le guste, o con cuál tenga una conexión espiritual más fuerte, deberá asegurarse que el día que ha escogido para el ritual tenga una noche donde la luna sea nueva y fuerte. En algunas religiones conocidas por practicar ciertos tipos de brujería, como la Wicca, la luna juega un rol muy importante para los rituales sin importar su complejidad, algunos de ellos, como es el caso de esta metamorfosis, sólo pueden ser realizados durante fases específicas de la luna, como la luna nueva, la luna llena, y la luna de sangre.

Una vez que la fecha y la locación hayan sido escogidas a la perfección, será momento de comenzar el ritual.

Debe de seleccionar un área lo suficientemente plana, donde pueda hacer marcas con tiza o un hilo, y a la media noche dibujará un círculo de al menos siete pies de radio. Tomando como referencia el centro de este, deberá de hacer otro círculo de al menos tres pies de radio, es importante dejar cierto espacio entre una circunferencia u otra.

En el centro del círculo más chico prenderá un fuego o una pequeña fogata, en ocasiones se usan velas que han sido creadas con diferentes ingredientes que ayudan a potenciar los efectos del hechizo, y sobre la llama se colocará un tripie de hierro que sostiene un contenedor del mismo material para contener agua, este puede ser un caldero (en la religión wicca las brujas y hechiceros personalizan sus calderos, por lo cual al usar un caldero propio puede incrementar las posibilidades de que el hechizo sea un éxito).

Cando el agua comience a hervir, el aspirante a licántropo deberá arrojar dentro del contenedor o caldero tres puñados de: Assafoetida, perejil, opio, conium, beleño negro, azafrán, aloe, semillas de amapola, o solanum (deberá escoger solo tres de estas hierbas).

Mientras realiza esta acción, deberá repetir las siguientes palabras:

"Espíritus de lo profundo, ustedes que nunca duermen, sean amables conmigo. Espíritus de las tumbas, que no pueden salvar más almas, sean amables conmigo. Espíritus de los árboles, que crecen entre los bosques, sean amables conmigo.

Espíritus del aire, oscuros y astutos, sean amables conmigo.

Espíritus de agua llenos de odio, que se mantienen leales a los barqueros bañistas, sean amables conmigo. Espíritus de la muerte terrestre, que tienen un andar sin sonido, sean amables conmigo. Espíritus del calor y el fuego, destructivos por sí mismos, sean amables conmigo.

. . .

Espíritus del frío y el hielo, patrones del crimen y el vicio, sean amables conmigo. Lobos, vampiros, sátiros, fantasmas. Elíjanme de entre todos los discípulos. Les ruego que lo envíen aquí, aquí, aquí. La gran forma que hace que los hombres tiemblen. Tiemblen, Tiemblen, y Tiemblen. Que venga a mí, a mí, a mí."

Al terminar su recitación, el suplicante deberá de despojarse de sus vestimentas y untarse con la grasa o piel de un animal recién asesinado (preferentemente un gato), que es mezclada con anís, alcanfor, y opio.

Luego, deberá colocar sobre si una prenda hecha con piel de lobo, y mientras se encuentra hincado dentro de los confines del primer círculo deberá esperar hasta que los espíritus respondan su solicitud. Cuando el fuego arde de color azul y se disipa casi de inmediato significa que el espíritu está a punto de manifestarse.

Las manifestaciones de los espíritus no siempre son en carne y hueso, en realidad, es una situación un poco extraña y son pocos los afortunados practicantes que son capaces de atestiguar la manifestación física de alguno de los entes desconocidos a los que alaban. Si la manifestación no ocurre de manera carnal, el aspirante y aquellos a su alrededor podrán sentir la presencia del espíritu entre ellos.

¿Cómo se manifiestan los espíritus de un lobo? Son cualquier cosa menos consistente.

En algunas ocasiones se anunciarán a través de un silencio sepulcral, el cual es poco natural en los lugares abiertos o rodeados de vida salvaje como una montaña o un bosque; en otras instancias, pueden notificar su presencia a través de sonidos fuertes como azotes o sonidos de choques, también son conocidos por presentarse a través de gemidos o gritos.

Algunos de los que han llevado a cabo este ritual, que son pocos en los tiempos modernos, han mencionado que cuando el espíritu es invisible, su presencia viene acompañada por una sensación de frío anormal y un terror agudo. Algunas veces, cuando la manifestación es carnal, se presenta en una forma monstruosa, parte humana, parte bestia, o en lo que conocemos como hombre lobo.

. . .

Estas descripciones de la manifestación concuerdan con la teoría de algunos cazadores de que los hombres lobo y otras criaturas míticas pueden no existir necesariamente de manera constante en nuestro plano existencial y son, en realidad, entes multidimensionales que por alguna razón deciden visitar nuestro universo. ¿Podría ser que lo único que necesitamos para ver alguna de estas criaturas es la voluntad de pedir que se manifiesten? La respuesta es sí y no.

Los hechiceros y brujas, entre otros elementos religiosos o espirituales dentro de las distintas corrientes de pensamiento, que llevan a cabo este tipo de rituales primero tienen que pasar por una gran cantidad de entrenamiento. Los espíritus animales y naturales son considerados, en muchas ocasiones, como los más poderosos entre todos los espíritus, y por ende no es una tarea sencilla el ser reconocido por ellos y, mucho menos, ser merecedores de que nos concedan un favor o deseo.

Otras formas de transformación

Por supuesto, estos rituales no son la única manera de adquirir una propiedad mágica como lo puede ser la transmutación de hombre a lobo. Existen otras prácticas aprobadas y consideradas dentro de la magia negra que pueden generar una conexión lo suficientemente fuerte con el espíritu como para permitir el desarrollo de esta habilidad. Es importante que tomes en cuenta que estas son prácticas religiosas antiguas y que, hoy en día, no serían consideradas necesariamente como apropiadas o éticas.

Algunos ejemplos de estas prácticas pueden ser: devorar el cerebro de un lobo, tomar agua desde una huella de lobo, o beber agua de un río de un canal de agua donde hayas podido observar a, al menos, tres lobos bebiendo.

Sin embargo, aún existen muchos practicantes que aseguran que esta manera no es una manera confiable de adquirir la licantropía, y pocas veces han logrado tener resultados.

Los hombres lobo y los exorcismos

La historia de los hombres lobo y la religión ha sido poco menos que cordial. Desde la persecución de los practicantes, o supuestos practicantes, de magia negra y licantropía hasta el desarrollo de rituales de exorcismo para "extirpar" el alma diabólica de aquellos con la capacidad de transformarse en lobos. ¿Es posible arrancar el espíritu que ya se ha mezclado con el alma humana? En realidad, depende a quien le preguntes.

Algunos practicantes de la magia oscura alegan que no se puede realizar un exorcismo a alguien que tiene la capacidad de transformar su cuerpo, y esto se debe simplemente a que la licantropía no es, en los ojos de algunas religiones y sistemas de creencias, una maldición o un acto maligno de parte del diablo o algún otro demonio.

Algunas personas afirman que los exorcismos han sido de ayuda cuando se encuentran con casos de licantropía o de hombres lobo, pero la gran mayoría de las veces estas eran víctimas y no buscaban activamente tener esta habilidad, además, la mayoría provienen de autoridades eclesiásticas lo que, según algunos escépticos, no son tan confiables como se cree, ya que rara vez proveen evidencia real.

La mayoría de los rituales de exorcismo involucran al menos un tipo de poción, entre ellas incluyen cosas como sulfuro, asafoetida, y castóreo, que usualmente son mezcladas con agua de manantial limpia y mezclada con vinagre. Existen registros de otros tipos de posiciones, pero las que involucran estos elementos tienden a ser las más populares.

La ceremonia, a grandes rasgos, suele ocurrir de la siguiente manera: El hombre lobo es rociado tres veces con alguna de las soluciones o pociones que mencionamos anteriormente, y después se le hace un saludo con la señal de la cruz, o se dice su nombre bautismal tres veces, cada vez que se menciona su nombre se debe golpear su cabeza con un cuchillo o, en su defecto, volverlo a rociar con la solución. El proceso se repite hasta que el espíritu finalmente se rinda y deje el cuerpo que se encontraba poseyendo.

Sin embargo, como mencionábamos antes, muchos de estos exorcismos fallaban. Una historia que prueba la poca efectividad de ellos puede ser aquella de Tina Peroviskey, una viuda joven y adinerada que vivía en Moscú donde conoció a un hombre llamado Ivan Baranoff con quien, a pesar de las advertencias de su hermano, se casó.

Ivan recibió a los tres hijos, que Tina había tenido con su difunto esposo, con los brazos abiertos, lo cual emocionó mucho a la joven mujer. Ivan se preocupaba porque estuvieran alimentados y bien cuidados, y los llenaba con todo el amor que tenía disponible.

A pesar de ello, los niños se alejaban de él. Afirmaban que no podían estar cerca demasiado tiempo, había algo en la forma en la que sus ojos brillaban que los hacía aterrarse.

Al enterarse de hecho, sus hermanos y hermanas afirmaron que no podían culpar a los niños "Sus ojos son crueles, tal como sus labios, y sus cejas, que se juntan en el medio y bajan hasta sus narices, y todos sabemos que eso es un mal augurio". Convencida de que sus familiares sólo estaban celosos, Tina decidió tomar a sus hijos y sus perros, quienes algunos comentaban que eran más adorados por Tina que sus propios hijos, y huyó con Ivan a su tierra natal, Orsk.

Al llegar al lugar que Ivan llamaba "hogar", Tina se sintió extremadamente abrumada e intranquila. El lugar se encontraba en un área solitaria del bosque, y el frío era mucho más de lo que ella podía soportar. Los muebles eran escasos y, con excepción del cuarto que compartía con su esposo y aquellos de sus hijos, el resto de la casa parecía inhabitable, sin decoraciones, ni alfombras.

Según Tina, tenía cierta similitud con los jardines de zoológicos que había visitado anteriormente.

. . .

Sus hijos le rogaron que los llevara de regreso a su hogar, y observó cómo sus perros lloraban y temblaban de terror, sin siquiera poder entrar a la "sala". Mientras observaba con reserva el lugar al que llamaría hogar por los tiempos futuros, Tina recordaba las advertencias que le habían otorgado sus familiares, también pensaba en cómo insistió que su viaje fuera hecho en un carruaje, y que se emocionaba cada vez que vería directamente a la luna, y cómo desaparecía regularmente entre la madrugada y amanecer.

Durante su estancia, la pesadilla de Tina llegó a niveles inimaginables. Comenzó a notar que Ivan prefería la carne cruda y comía pocos vegetales. Una noche, mientras dormía, logró ver como Ivan se escabullía por la ventana. Poco después, escuchó un aullido que la despertó, y, con los ojos entrecerrados, pudo divisar a Ivan entrando por el mismo lugar donde había salido, con sangre en su abrigo, y chorreando de entre sus dedos.

A la mañana siguiente, sus hijos le informaron con tristeza que uno de sus perros había sido asesinado por un animal salvaje. Noche tras noche lo mismo ocurrió y Tina cada vez sospechaba más de su marido.

. . .

Sin saber que hacer, Tina recurrió a un sacerdote local, quien se especializaba en exorcismos y cacería de hombres lobo. El sacerdote accedió a realizar un ritual de exorcismo, donde le aseguró a Tina qué podía deshacerse del demonio que se había apoderado de su marido. La ceremonia se llevó a cabo durante la luna llena, mientras, Tina sospechaba, Ivan estaría en su forma "natural" y el sacerdote podría extraerlo más fácilmente.

Esperaron a que cayera la noche, y cuando Ivan se escabulló como lo había hecho cada vez que el sol se ponía, el sacerdote, tina y un par de soldados que se habían ofrecido como protección en caso de que el exorcismo fallara, siguieron a Ivan hacia los adentros del bosque. La escena con la cual se encontraron después era terrorífica para ellos, pues no era solo Ivan quien había desarrollado garras más largas, colmillos afilados, y pelaje más allá de lo normal.

Había en total tres hombres lobo, quienes no tardaron mucho tiempo en percatarse del olor de los intrusos.

Furiosos, se dispusieron a atacar, pero los soldados se colocaron como barrera y los amenazaron con sus lanzas y espadas. Mientras esto sucedía, el sacerdote comenzó a rezar las palabras benditas que había preparado, y un agua, combinada con vinagre y amoniaco, en la cual remojaba una rama y la utilizaba para arrojársela a los hombres lobo por sus cabezas.

Aunque no sucedió ningún tipo de exorcismo, los hombres lobo decidieron que era demasiado molesto lidiar con todos, y aprovecharon la iniciativa del sacerdote para huir de nuevo hacia los adentros del bosque. Los soldados intentaron perseguirlos, pero sin éxito, a los pocos minutos parecían haberse desvanecido.

Aunque el ritual no funcionó, seguramente le dio a Tina suficiente tiempo para huir de su "hogar" y regresar con su familia a Moscú.

El sacerdote jamás se retractó de la veracidad de su ritual, aunque sí aceptó que podía haber tenido un momento de pérdida de fé, lo cual pudo haber reducido la efectividad del mismo.

10

La manía de los hombres lobo

Fue en una esquina oscura, sombría, y húmeda de un castillo de Transilvania donde una princesa pelinegra, llamada Anna, se sorprendió de encontrar a su previamente fallecido hermano, Velkan, vivo y en buen estado, aunque un tanto pálido, de manera repentina.

Él suspira que necesita decirle algo, pero antes de que pudiera terminar su oración, la luna se asoma por una ventana abierta, y Velkan empieza a convulsionarse.

Anna observa, horrorizada, como su hermano retuerce su cabeza en agonía.

. . .

Sus músculos se expanden y crecen, su nariz y boca se alargan en forma de un hocico con colmillos largos y afilados, y su ropa se desgarra de sobre su cuerpo para revelar una capa de pelaje oscuro y grueso. Las contorsiones le permiten correr sobre la pared de piedra como si fuera una mosca mientras continúa cambiando de forma. Finalmente, un par de orejas grandes y puntiagudas se levantan por encima de su cabeza como si fueran un conjunto de antenas gruesas, y la princesa puede darse cuenta de lo que ha ocurrido. Su hermano fue mordido por un hombre lobo, quien lo ha convertido en uno de su tipo.

Una vez que la transformación de Velkan en un animal babeante se ha completado, él ya no puede reconocer a Anna como su hermana; la joven princesa se ha vuelto su presa. Con una agilidad sorprendente, la bestia salta del suelo hacia el techo a la velocidad de la luz mientras aúlla y lanza zarpazos hacia la joven princesa. Se ha convertido, en todos los sentidos, en una máquina de matar invencible. En estos momentos, se vuelve responsabilidad del legendario cazador de vampiros y hombres lobo, Gabriel Van Helsing, eludir el poderoso agarre de la criatura y someter al cruel animal que alguna vez había sido el hermano de Anna.

Esta escena de la película, producida por Universal Pictures en 2004, titulada Van Helsing demuestra un conjunto fantástico de efectos especiales, todos diseñados para representar correctamente a una de las versiones más poderosas de un hombre lobo que se ha mostrado en el mundo de la cinematografía. Pero los aspectos clásicos que los aficionados de la película se han acostumbrado a esperar de las transformaciones de humanos a bestias aún persisten: las dolorosas contracciones musculares, la expansión de la cavidad torácica, el crecimiento del hocico y el alargamiento de las orejas, y, más que nada, la emisión de un pelaje grande y desaliñado.

Existen "reglas" para los hombres lobos en todos los medios de nuestra actual cultura popular, y, la gran mayoría de las veces, estas son seguidas al pie de la letra. Este conjunto de lineamientos también incluye una escena sangrienta de conversión, heridas por agua bendita, una demostración cruda de las habilidades de asesinado de la bestia, y la meta final del cazador conquistada gracias a una bala de plata y una puntería perfecta.

Aunque los hombres lobo han sido parte de la historia humana a lo largo de toda nuestra historia, la cultura moderna – específicamente las películas como Van Helsing, ha creado la máquina musculosa que hoy en día conocemos como el hombre lobo de Hollywood.

. . .

Sin embargo, como toda criatura mítica, los diferentes ojos artísticos de la rama cinematográfica han hecho que los hombres lobos tengan una natural evolución en su aspecto.

El hombre a quien usualmente se le da el crédito de volver a traer a esta criatura ancestral a la vida fue Lon Chaney Jr., cuyas habilidades de actuación hizo que el hombre transformado en lobo y con un rostro lleno de pelaje no solo fuera un símbolo que temer, si no alguien con quien podíamos empatizar. Las personas estaban aterrorizadas de las actitudes asesinas del hombre lobo en películas antiguas de Universal Studio, como aquella titulada The Wolf Man estrenada en 1941, pero también adoraban a esta criatura poco atractiva y nada arreglada.

Con un hocico prostético y un peluquín con pelaje que se extendía hasta sus cejas, el traje completo de hombre lobo que Chaney Jr. lo volvió un ícono americano, y la historia de sus películas se volvió el estándar para los hombres lobo que le seguirían más adelante. De hecho, Curtis Siodmak, el escritor del guion de "The Wolf Man", escribió este verso folclórico gitano en el guion:
"Incluso un hombre puro de corazón, y dice sus

plegarias por la noche, puede convertirse en un lobo cuando el acónito florece, y la luna de otoño brilla en todo su esplendor".

Muchos aceptaron este verso como algo genuino, asumiendo que Siodmak había realizado su tarea de investigar tradiciones romaníes antiguas. Sin embargo, Siodmak admitió voluntariamente que inventó el verso.

La película de 2004 de Van Helsing utiliza el verso de Siodmak palabra por palabra.

The Wolf Man no fue el primer intento de Hollywood de realizar una película de hombres lobo.

En 1913, un lobo de carne y hueso fue utilizado para la escena de transformación en una versión silenciosa y en blanco y negro llamada The Werewolf. Solo duraba 18 minutos, y la película estaba basada en la leyenda debajo de los cambiantes de forma. Y estos primeros ejemplos de hombres lobo digitales no solo eran nativo-americanos, sino también mujeres.

. . .

Una de lasa mejores películas de hombres lobo que se han filmado, y muchos críticos concordarán con ello, fue la película filmada en 1935 y titulada "Werewolf of London" (El hombre lobo de Londres), esta fue estrenada seis años antes de que Chaney Jr. realizara el rol que lo llevó al estrellato. En este film en blanco y negro de universal, el hombre lobo de Londres era un botánico que había sido mordido en el Tíbet mientras estaba en una misión para encontrar una extraña planta llamada Mariphasa. Por supuesto, antes de transformarse, logró regresar a Londres para andar suelto por sus calles. Coincidentemente, las flores de la mariphasa contenían el antídoto a esta "enfermedad" del hombre lobo. Como sucedía en la historia medieval, el botánico torturado regresó a su forma humana después de que un policía londinense le disparara.

Desde estas aventuras antiguas, no ha existido un final cuando se trata de películas de hombres lobos, y cada una anhela dejar su propia huella en este particular género de cine. Incluso ha existido un giro interesante para este personaje donde lo han puesto como un adolescente, por ejemplo, el clásico de 1957 titulado "I was a Teenage Werewolf" (Era un lobo adolescente), la cual fue protagonizada por Michael Landon. En esta película, el camino por el que Landon llegó a convertirse en un hombre lobo fue a través de un hipnoterapeuta malvado. El tema de "chico lobo" que propuso este filme resonó poco después en la comedia de 1985 titulada "Teen Wolf") Lobo adolescente", donde Michael J. Fox utilizó su tamaño y fuerza de lobo para dominar al equipo de basquetbol de preparatoria e incrementar su popularidad en la escuela.

Otras películas de hombres lobo han explorado las variantes un poco más oscuras de las transformaciones de hombre a lobo.

Desde "The Howling" (El aullido, 1981), con un culto de hombres lobo que se escondían entre los bosques, hasta "Dog Soldiers" (soldados perro, 2002), una historia basada en una banda de comandantes militares que se encuentran en una misión de entrenamiento en las montañas escocesas y se encuentran con un sorprendente enemigo en forma de lobo en las profundidades del bosque; gracias a esto, ataques sangrientos a los humanos se han vuelto una expectativa en cualquier versión moderna de las películas. A medida que las técnicas de efectos especiales han avanzado, también lo ha hecho el nivel de sofisticación de las imágenes con órganos internos salidos y partes del cuerpo arrancadas durante los festines del hombre lobo.

. . .

Los creadores de películas continúan ingeniando nuevos aspectos para añadir a la mitología del hombre lobo. Por ejemplo, la película de Stephen King "Silver Bullet" (Bala de plata. 1985) insertó a la religión y le dio un rol en la leyenda del hombre lobo al tener a un miembro del clérigo como personaje principal, además, en las series de películas "Feroz" (2000-2005) que narraban la historia de dos chicas que se vuelven hermanas de raza al volverse ambas licantropas demostró que las mujeres lobo también podían tener el reflector.

Además, están dos de las películas más publicitadas de la época, "Inframundo" (2003) y su secuela "Inframundo: La evolución" (2006) quienes enfrentaron a los hombres lobos contra los vampiros y los pintaron como enemigos mortales.

Las criaturas híbridas también se han infiltrado en películas dirigidas a espectadores más jóvenes, por ejemplo, la película animada de Nick Park "La maldición del hombre conejo" (2005), o la versión cinematográfica de "Harry Potter y el Prisionero de Azkaban" (2004), que retrataba a un profesor quien, en realidad, era un hombre lobo.

. . .

Puede que los hombres lobo sigan entre nosotros por un buen tiempo, eso es si le creemos a las películas. El cortometraje de Mike Martinez (que duraba 23 minutos) publicado en 2003 y titulado "Chimera: las crónicas del culto al hombre lobo" inserta una estafa de hombres lobo con pelaje blanco que existieron en el año 2019, cuando bestias mutantes rondaban un mundo nevado y sufrían un invierno causado por un accidente nuclear.

Si hemos llegado hasta este punto donde podemos colocarlos en un escenario postapocalíptico o divergente, esta criatura legendaria podría jugar un rol importante en cualquier lado: sean las profundidades del espacio, el centro de la tierra, e incluso dimensiones paralelas. Creo que podemos decir con cierta seguridad que los hombres lobo visitarán estos lugares y muchos otros más antes de que Hollywood finalmente se harte de ellos.

La televisión tampoco ha sido inmune a la mordida de los hombres lobo. Una serie llamada "Wolf lake" (Lago de lobos) narraba las crónicas de las malas acciones de una banda de cambiantes de forma adolescentes, mientras que "Buffy the vampire Slayer" (Buffy la cazadora de vampiros) tenía a un personaje hombre lobo muy simpático que se llamaba Oz. Para evitar matar a sus compañeros de clase, amablemente se encerraba en el cuarto de servicio de la biblioteca cuando la luna estaba llena.

Muchas películas de hombres lobo, como "The howling" (el aullido) y Silver Bullet (Bala de plata) estuvieron basadas en películas.

Existe otro mundo completamente diferente de ficción sobre hombres lobo, e incluso podemos incluir obras de no ficción, cuyo repertorio es tan vasto que sería imposible cubrirlo en esta sección, además de los títulos nuevos que incrementan cada año a medida que la noción de los hombres lobos vuelve a ganar popularidad, especialmente entre los lectores jóvenes y curiosos.

Un ejemplo claro es el libro de Brian J. Frost "La guía esencial de la literatura sobre hombres lobo" es un volumen entero dedicado a materiales publicados sobre los hombres lobo, incluyendo guías de referencia, novelas, y antologías de historias cortas, no ficción, cuentos antiguos, y mucho más. En él, Frost predice que las novelas de los hombres lobo solo continuarán aumentando su popularidad, y remarca "No existe, después de todo, algo más efectivo que la historia de un hombre lobo para explorar el turbio mundo del subconsciente y revelar las terribles acciones que este puede inspirar".

. . .

Quizá este pequeño análisis sobre la popularidad de las novelas de hombres lobo ofrecido por Brian también revela el por qué los videos y juegos de roles que involucran a esta criatura han explotado en los últimos años. Naturalmente, jugar a ser una bestia es más emocionante que leer sobre ello. Uno de los juegos más exitosos es aquel producido por Mark Rein-Hagen y titulado "Hombre lobo: El apocalipsis" y es un pasatiempo complejo que implica en su gran mayoría hombres lobo mágicos, superfuertes, y de buenas intenciones, o, como Rein-Hagen lo llama "un juego de historia sobre un horror salvaje". Este es parte novela gráfica y parte guía de personajes y reglamentos, este juego crea a una raza llamada "Garou", que posee características como capacidad para cambiar su forma, inmunidad a las heridas, sentido del olfato y oído incrementados, y emociones frenetizadas.

"Hombre lobo (el juego) combina un ambiente gótico de horror con un mundo punk de contaminación y decadencia en blanco y negro" explicó Rein-Hagen sobre su juego. Y está en lo correcto; el mundo de Garou se inspira en las historias medievales Europeas y muchas de las convenciones modernas de los hombres lobo que mencionamos anteriormente.

. . .

El video, por supuesto, puede incrementar los niveles de fantasía y violencia considerablemente.

Altered Beat, uno de los primeros juegos de video sobre hombres lobo, arrasó con todos los arcades cuando debutó en 1988, y también tuvo su oportunidad de brillar en consolas de videojuegos hogareños. En este juego, el héroe humano disfrutaba de poder convertirse en un hombre lobo con muchos poderes una vez que había conseguido un cierto nivel de victoria al derrotar a demonios y otros tipos de entes malévolos, pero la mordida de otro licántropo no era necesaria para que se realizara esta transformación.

Los poderes podían ser conferidos o eliminados a través de un hechicero manipulador.

Un videojuego un poco más reciente, The Beast Within producido por Gabriel Knight, lleva el realismo a los videojuegos un paso más allá con los actores verdaderos que se encuentran en Alemania, este logra mezclar la visión moderna con la historia tradicional y la mitología. Y en muchos juegos, el hombre lobo solo es uno de muchos personajes, con frecuencia con una historia muy interesante y cautivadora.

. . .

Baldur's Gate II incluye a un druida cambiante de forma llamado Cernd que es capaz de desatar su venganza sobre los enemigos al rastrearlos en su forma de lobo.

Estos son solo algunos ejemplos de los muchos juegos que están disponibles donde podemos apreciar a los hombres lobo con personajes importantes. Es fácil encontrarlos en línea, sitios para fans, foros de discusión, y muchos otros lugares para jugadores y entusiastas de los videojuegos alrededor del vasto internet.

Sin importar cuánto hayan hecho los libros y películas por mantener viva la leyenda de los hombres lobo, los videojuegos sobre hombres lobo ayudan a mantener personajes importantes del folclor medieval, como el druida y el berserker, vivos en tiempos modernos.

Finalmente, debemos mencionar otra fuente influyente en el área y leyenda de los hombres lobo.

Sería difícil de imaginar los musculosos y feroces hombres lobos que inhabitan los manuales de juegos de rol y brincan sobre los castillos digitales de los videojuegos sin tener una base firme de arte de historietas que les hayan dado forma primero. Los artistas de cómic se han basado en la fantasía Hollywoodense de un hombre de gran altura y velludo para diseñar una criatura que le gruñe a los lectores desde la página donde está dibujado.

Los hombres lobo eran criaturas populares de los cómics durante los años 1940 y los primeros años de 1950. La línea EC de cómics, incluyendo The haunt of fear, tales from the crypt, y the vault of horror, con frecuencia eran protagonizados por hombres lobo junto con muchos otros monstruos clásicos como los vampiros y los zombis. Sin embargo, cuando el código de comics de 1954 estableció nuevos lineamientos para el contenido de las historietas, los hombres lobo y muchos otros elementos horripilantes que añadían o jugaban un rol en estas historias fueron prohibidos.

Al inicio de los años 1970, los editores de revistas sobre comics que no estaban sujetos al código gracias a su gran formato reintrodujeron los hombres lobos y otros monstruos sangrientos a sus historietas, lo que propició el desprestigio y la reducción de la autoridad del Código y abrió el camino para que los hombres lobo pudieran volver a las historietas con toda su fuerza.

. . .

Después de esto, el famoso productor de comics Marvel Comics se volvió el líder alfa de esta manada.

Uno de los licántropos más famosos era Man-Wolf, un personaje en la serie de historietas de Marvel "Spider-man". Man-Wolf tuvo su debut en "The amazing spider man" tomo número 124 cuando una piedra de luna tornó al hijo de J. Jonah Jamenson en un hombre lobo. Otra estrella de Marvel Comic, el Capitán América, se transformó en una criatura llamada Capwolf por un corto periodo de tiempo durante una de las líneas temporales del universo. Marvel también emitió una serie llamada Werewolf by night, que narraba las crónicas sobre las aventuras de Jack Russell, un joven hombre de California que se convertía en hombre lobo cada vez gracias a una maldición ancestral que había recaído en él.

Esta historieta fue considerada por muchos como la historieta de cómic con tema de hombres lobo mejor elaborada, y Werewolf by Night continúa siendo una historia altamente popular hasta el día de hoy.

Existe una gran lista de comics clásicos como hombres lobo, la cual sería un poco complicada de recopilar para este capítulo, pero otras de las más interesantes incluyen a

Werewolf at large, escrita por Eternity, donde el personaje de apoyo del licántropo es una abuela psíquica, y Gold Digger, publicado por Antartic Press, que es protagonizada por un híbrido hombre jaguar y un grupo de hombres lobo.

Muchas series japonesas de cómic, también conocidas como manga, tienen como tema principal una gran cantidad de bestias híbridas y humanoides. La idea del cambio de forma, la unión de hombre y animal, y la transformación de los espíritus es un tema común en los libros de cómic, y en ellos estas leyendas pueden tomar la forma de una gran variedad de cosas, muchas de las cuales deben su inspiración, al menos indirectamente, a la leyenda e historia de los hombres lobo.

11

En busca de los hombres lobo

La noche era tan negra como la nariz de un lobo del bosque, y nos acurrucamos cerca de los árboles con linternas preparadas mientras los sonidos de aullidos y gritos suaves parecían acercarse a nosotros. Sonaba como si al menos media docena de animales se estuviera acercando a nosotros de entre la oscuridad. No habíamos traído armas, gas pimienta, o ningún otro tipo de herramienta para defendernos, y no pudimos hacer más que preguntarnos si realmente era lo más inteligente pasar la noche en un campo granjero desolado como una criatura con cabeza de lobo y que caminaba erguida había sido vista hacía apenas un mes atrás.

Nos quedamos esa noche entre un campo de maíz frescamente plantado y el refugio de vida salvaje estatal de

Wisconsin conocido como Lima Marsh. Solo unas semanas antes, un chico de último grado de universidad, quien iba de regreso a su casa después de su trabajo en un cinema tarde por la noche, se sorprendió al ver lo que le pareció ser un lobo bípedo corriendo sobre la autopista 59, vía que estaba localizada al este del condado de Rock, en Wisconsin.

Y parecía ser que la criatura se dirigía directamente hacia el campo donde ahora nosotros nos encontrábamos esperando.

La mujer, después del encuentro, había ido directamente a su computadora y buscado en línea cualquier cosa que pudiera encontrar sobre los hombres lobo, hasta que se topó con la información de contacto del administrador del sitio web "Beast of Bray Road" (la bestia de Bray Road", y decidió escribirle para preguntar sobre qué era lo que realmente había visto.

Este fue un correo electrónico del cual el administrador estuvo muy feliz de recibir, porque la gran mayoría de los reportes de avistamiento usualmente son realizados un mes o incluso varios años después, cuando el rastro ya se ha perdido, y, con frecuencia, tienden a ser en lugares distantes o tierras inaccesibles. Por un rayo de buena suerte, dio la casualidad de que este avistamiento había ocurrido cerca de la granja de unas personas que conocía, y quienes amablemente me dieron permiso de traer un equipo de investigadores conmigo para montar guardia durante la noche.

Nosotros siete colocamos diferentes cebos en el área de alrededor, incluyendo piezas de pollo y latas abiertas de comida para gato. Colocamos cámaras que se activaban con el movimiento en lugares clave del campo, y usamos walkie-talkies para comunicarnos mientras nos dividimos en parejas para investigar toda el área. No habíamos visto nada inusual en toda la noche, hasta que decidimos sentarnos todos juntos en completo silencio, con todas las luces apagadas, en un último intento de tener la oportunidad de siquiera ver rápidamente a esta criatura desconocida. Y ahora una manada de caninos aulladores está encaminándose hacia nuestra posición.

Coyotes, finalmente decidimos que los sonidos debían corresponder a una manada de coyotes. Sonaban un poco menos que amigables. Quizá era mejor que no les permitiéramos emboscarnos después de todo. Así que encendimos nuestras lámparas, y las apuntamos hacia el lugar de donde provenían los ruidos, pero para nuestra sorpresa no vimos nada más que el oscuro horizonte del campo de maíz.

. . .

Haciéndole honor a su título de los grandes escapistas de la naturaleza, los coyotes se habían desvanecido en cuestión de segundos. Aun así, yo, y seguramente los compañeros que me acompañaban, estaba satisfecho de al menos haber hecho el esfuerzo de buscar a esta criatura y de haber tenido esa oportunidad de oro, incluso si no logramos concretarla como nos hubiera gustado.

Ahora, existe una pregunta que quizá ni siquiera es necesaria de realizar: ¿de verdad vale la pena instalarse en áreas salvajes o un campo abierto de una granja alejada de la civilización para conseguir la foto de un hombre lobo u otra criatura misteriosa?

La verdadera respuesta está en cuáles son las probabilidades de tener éxito, si crees que es alta, entonces mi sugerencia sería que lo intentaras con las precauciones necesarias, pero si no, entonces seguramente existen mejores formas de pasar una hermosa noche de primavera.

Es un suceso extremadamente extraño que un buscador de criaturas sea recompensado con siquiera un mechón de cabello o incluso una huella anómala en el piso, lo cual vuelve un video o foto algo muy poco probable o, algunos dirían, incluso imposible. La mayoría de los avistamientos aparentemente han sido al azar, ocurrencias de oportunidad que lo más probable es que no sucedieran si hubieran sido planeadas.

Un argumento sólido puede ser que otra de las maneras válidas de buscar criaturas puede darse por medio del internet, libros, y otros tipos de medios digitales, sin siquiera poner un pie en los bosques plagados de bestias peligrosas.

Este método genera la posibilidad de obtener mucha más información, y es, por supuesto, mucho más seguro y barato comparado al método de investigación que te requiere viajar a lugares extraños con mucho equipo.

La realidad es que, para la gran mayoría de las personas, esta es la única forma posible que tienen para investigar sobre monstruos y criaturas, y cabe decir que es igualmente recompensante en una manera peculiar.

Encuentra el hábitat

. . .

Las personas aventureras con una fuerte curiosidad por los avistamientos reportados de bestias desconocidas probablemente aún intentarán ver una por sus propios medios alguna vez. Si eres una de estas personas, es importante que te recuerdes tener los pies sobre la tierra, ten en mente que lo más probable es que las únicas criaturas salvajes que encuentres probablemente sean tlacuaches o mapaches, existen muchas cosas importantes que debes de considerar antes de poner en marcha tu propio safari de criaturas mitológicas.

Pero, si has decidido que tienes los recursos y la capacidad de embarcarte en una búsqueda, ¿Cómo puedes comenzar? Si te surgió esta pregunta es una buena señal de que tienes seriedad hacia el tema. Para empezar, siempre debes de tener el permiso del dueño cuando quieras poner un puesto de vigilancia en un pedazo de propiedad privada. Incluso algunos parques públicos y áreas de protección animal han establecido horarios de actividad, o requieren que obtengas una pegatina especial que te identifique como merodeador del parque.

. . .

Segundo, es importante que un cazador de criaturas concentre su esfuerzo y recursos en hábitats que tienen probabilidades reales de albergar al objetivo deseado.

En el caso particular del hombre lobo, casi siempre es visto relativamente cerca de un cuerpo de agua. Parece ser que se siente atraído por los ríos y con frecuencia es visto en planicies cercanas. Normalmente se mantiene en áreas que tengan una cubierta gruesa, como bosques con árboles frondosos, o áreas con cuevas subterráneas.

Los campos de maíz también son preferidos por ellos para pasar el rato, ya que son lugares excelentes para que puedan esconderse o pasar desapercibidos; los campos de maíz también atraen a una generosa cantidad de venados hambrientos y otras criaturas que buscan llenarse de maíz maduro, lo cual los vuelve un festín que es rutinariamente puesto a sus pies. Los campos de maíz se encuentran en propiedad privada, sin embargo, es muy sencillo perderse en uno.

Puede serte de ayuda investigar los lugares donde han ocurrido avistamientos de la criatura a la que buscas en tiempos anteriores, entre más recientes sean los reportes mayores probabilidades tendrás de que te puedas topar al menos un par de huellas, si es que han vuelto a esa misma área. Sin embargo, también debes de tener en mente que todos los grandes carnívoros tienen la capacidad de ser parcialmente nómadas, lo cual significa que pueden cubrir un gran rango de terreno durante un periodo de tiempo corto, esta es una de las razones por la cual los puntos de concentración de avistamientos de criaturas tienden a variar con el tiempo. Lo que alguna vez fue uno de los lugares más famosos para ir en busca de criaturas puede haber perdido todo su atractivo una década más tarde.

La importancia de fauna familiar

Una de las mejores maneras de prepararte para identificar a animales desconocidos es consumir toda la información que tengas disponible sobre los animales conocidos que también pueden ser encontrados en los puntos de búsqueda. Si sabes lo que se supone que debe estar rondando por los campos de maíz o en el bosque, vuelve mucho más sencillo identificar cualquier cosa que realmente sea fuera de lo común. Es importante que no subestimes el valor de conocer a todos los animales, no desprestigies por su tamaño o rareza, incluso si no encuentras la prueba definitiva de que los hombres lobo existen, puede que sí encuentres un escarabajo que nunca nadie había visto, ¡y lo nombren como tú en tu honor!

. . .

Además de memorizar las descripciones físicas de la fauna local, un cazador bien preparado debe ser capaz de identificar su rastro a través de las Tres F: Heces, huellas, y pelaje (en inglés se escriben feces, footprints, and fur, por eso se les conoce como "las tres f").

También es bueno entender qué animales pueden representar una amenaza potencial hacia tu seguridad y cuáles pueden ser los mejores métodos para lidiar con ellos. La manera más segura de realizar esto es consultar a un experto en las áreas salvajes de tu zona o a personas que se encuentren trabajando en santuarios animales o áreas protegidas de tu localidad o donde vayas a realizar la examinación. Tómate tu tiempo para investigar, reúne el mejor equipo que tengas disponible, y si incluso puedes contratar o conseguir que alguien experimentado en el área y la fauna local te acompañe sería mucho mejor. Ante todo, no importa lo grande que sea tu curiosidad, debes mantenerte seguro. No vale la pena herirse de gravedad, o incluso algo peor, por buscar o cazar a estas criaturas.

En la ubicación que exploramos en el ejemplo anterior, el equipo de exploración había hecho su tarea correctamente, y estábamos bastante seguros de que el carnívoro más grande con el que podíamos toparnos era el coyote.

Pero siempre es posible que algunos perros salvajes puedan estar rondando cerca de tu ubicación, no importa en qué parte del mundo te encuentres.

Y aunque los osos, coyotes, lobos, y leones de montaña son raros en la gran mayoría de los suburbios de ciudades grandes, avistamientos de ellos, y de otros depredadores salvajes han ocurrido más frecuentemente en los últimos años, probablemente por las pocas áreas naturales que quedan para que puedan sobrevivir.

A medida que los humanos se apoderan de los territorios que alguna vez reclamaron como suyos, se ven forzados a buscar alimento y refugio en áreas mucho más pobladas, donde eventualmente terminan por ser una amenaza para los locatarios. Por ende, desafortunadamente, existe una mayor probabilidad de que te encuentres con alguna de estas bestias de tamaño natural que con pie grande o el hombre lobo que tanto ansías ver.

Los equipamientos

Asumamos que ya lograste identificar un lugar óptimo para realizar la cacería de la criatura, ya has realizado todos los procedimientos y sacado todos los permisos necesarios para que puedas realizarlo de manera legal, y estás completamente listo para aventurarte a las oscuras partes del bosque o campo para encontrar a esa criatura que tanto has buscado.

A diferencia de nuestros ancestros cavernícolas, quienes tenían que arriesgarse a encontrarse con un mastodonte o un temible y gigante puma prehistórico mientras lo único que cargaban consigo era un taparrabo y un par de armas de madera, nosotros contamos con una gran variedad de equipo de campo disponible para nuestro uso y protección; desde ropa protectora o térmica hasta dispositivos de rastreo.

Un cazador que sea inteligente tomará toda la ventaja que le sea posible de estos equipos, empezando por los elementos más básicos: la ropa.

Vestirse apropiadamente para el clima y terreno al que te adentrarás puede parecer un punto demasiado obvio, pero te sorprenderías de cuántas personas no toman en cuenta este sencillo aspecto del trabajo de campo, no únicamente en actividades de rastreo, sino en muchas ocasiones similares más, todos conocemos a alguien que nunca recibe el memorándum y asiste en zapatos de vestir a una caminata por la montaña, bueno, algo similar tiende a ocurrir con el equipo de campo.

Aunque el equipo de acompañamiento que llevé durante nuestra noche de vigilancia en el campo de maíz eran personas entrenadas y con experiencia, me he encontrado con otras personas en excursiones distintas que se pueden olvidar de cosas básicas como llevar botas apropiadas para la caminata de montaña, o chaquetas impermeables para poder pasar la noche durante los lluviosos días de primavera, sobre todo en áreas boscosas donde los ambientes húmedos y fríos abundan, e incluso algunos compañeros se presentaban con pantaloncillos cortos en un área abierta, lo que eventualmente terminaba en que los mosquitos se daban un festín con sus piernas.

Además de los mosquitos, siempre existen otros insectos que pueden causar molestias o inclusive ser un peligro para tu integridad o salud, las garrapatas son conocidas por cargar enfermedades peligrosas como la enfermedad de Lyme y la Rickettsia, además, puedes encontrarte con moscas, arañas, serpientes, y otras bestias del mundo subterráneo de las cuales te gustará mantenerte protegido. Recuerda investigar también sobre los peligros de los insectos y reptiles locales antes de acudir al área de vigilancia. De nuevo, si es posible, lleva contigo a alguien que sea experto en el tema, y que nunca falte entre tus recursos de viaje un buen kit de primeros auxilios. Otras consideraciones que puedes tomar es llevar contigo un repelente de insectos que específicamente ofrezca protección en contra de las garrapatas, y procura insertar las piernas de tu pantalón dentro de tus botas para que ningún animal curioso intente subir por tu pierna mientras te encuentras desprevenido.

Dos investigadores de Wisconsin, Noah Voss y Kevin Nelson quienes se especializan en equipos de tecnobúsqueda, también recomiendan que dejes tu ropa de excursión colgando en las afueras por unos días para que puedan absorber un poco del olor de la naturaleza, de esta forma no tendrán una esencia que resalte o avise de los depredadores de tu presencia, igualmente procura usar jabones neutros y desodorantes sin perfumar.

Al finalizar, puede que no te veas como una estrella de cine que va caminando por la alfombra roja, pero nunca sabes cuándo estas precauciones pueden salvar tu vida, prevenir que te infectes con la enfermedad de Lyme, tener raspones por toda la pierna, o incluso simplemente evitar que te estés rascando gracias a las picaduras de los mosquitos. Una persona puede permanecer en el bosque o campo por mucho más tiempo cuando la incomodidad física no es un gran problema, y entre más tiempo pases ahí, mayores son las posibilidades de que te encuentres con algo inusual o justamente con lo que estás buscando.

Una vez que te hayas vestido como todo un cazador profesional, necesitarás una mochila, esta te ayudará a mantener tus manos desocupadas para escribir, tomar notas, usar tu equipamiento, o incluso hacerle señales a tus compañeros de que una criatura desconocida está llevándote a lo que parece ser su guarida para devorarte.

Si estás acampando, o tienes los planes de hacerlo, en un área aislada de la civilización por un poco más de unas horas, lo más seguro es que necesites algunas herramientas o artículos personales más, además de un suministro de agua y comida, sin embargo, en esta parte del capítulo únicamente cubriremos las herramientas que necesitarás para buscar y descubrir evidencia de la criatura. Para empezar, necesitarás:

- Una cinta métrica o regla que no sea transparente de al menos 12 pulgadas, la usarás para medir la evidencia y las fotografías como un comparador de tamaño.
- Una o dos linternas con baterías extra.

- Un cuchillo multipropósito.
- Binoculares.
- Una libreta de anotaciones y varias plumas o lápices para registrar los datos que debas capturar.
- Pinzas para recolectar evidencia como muestras de pelaje.
- Bolsas de plástico sellables de varios tamaños para recopilar muestras tanto pequeñas como grandes.
- Una brújula y, si está disponible, una unidad de GPS para registrar las ubicaciones de la evidencia y, esperemos, de las criaturas.
- Una cámara funcional y/o una grabadora de video con baterías extra y una película o dispositivo de almacenamiento. (Puede que incluso puedas necesitar algunas cámaras desechables en caso de que la batería de la digital se acabe o falle)
- Una cámara de video, especialmente con un micrófono externo, y baterías extra.
- Una cubierta de plástico transparente en caso de que encuentres huellas u otros tipos de evidencia que necesites proteger de la fuerza de la naturaleza.
- Guantes de látex para recolectar especímenes de ADN.

- Una pala pequeña, como de campo, en caso de que necesites desenterrar o recoger algo.
- Un palo para caminar que sea firme, preferiblemente con una punta afilada, para que te ayudes a caminar y también pueda servirte para defensa personal. Puedes investigar en internet o consultar con expertos de la vida salvaje o incluso guardabosques qué otras opciones puedes tener para defensa.

Esto es únicamente una guía de cómo se debería ver tu caja de herramientas de cazador de hombres lobo. Además, querrás tener otras cosas contigo dentro de tu vehículo. Otro recurso importante es el yeso blanco, un galón de agua, un palo alargado o una cuchara, y una cubeta para mezclarlo para que puedas hacer moldes en donde recolectar las huellas. Si no estás familiarizado con este método, puedes buscar tutoriales en internet y practicar un par de veces antes de salir al campo, de otra forma podrías arruinar la mezcla y perder evidencia valiosa.

Si tienes un poco más de dinero para invertir (es normal que muchos investigadores no cuenten con suficientes recursos para adquirir la tecnología más moderna y costosa) puede interesarte adquirir un par de cámaras de caza activadas por movimiento. Noah Voss, el experimentado cazador que mencionamos anteriormente sugiere que coloques cada una de estas cámaras estratégicamente y tomando en consideración los aspectos físicos del animal, tal como puede ser su estatura. "Dependiendo del animal y la localización de la cámara, existirá una altura ideal, ángulo, y rango de captura de imagen que será específico para cada cámara" ofrece Voss como consejo a cazadores de criaturas tanto profesionales como aficionados.

Obtener una imagen de alguna criatura es mucho más probable si colocas algún tipo de cebo o señuelo para atraerla hacia ti. El señuelo variará dependiendo del tipo de bestia que estés buscando atraer, pero si seguimos asumiendo que estás ansioso por encontrar es un hombre lobo puedes apoyarte de algunos cubos de pollo crudo en buen estado, latas de comida para gato, o cualquier tipo de carne que pueda tener un olor penetrante después de estar un par de horas en el sol.

Recuerda colocarlos de acuerdo con las cámaras para que puedas tener una buena captura si algo llegara a aparecer.

Recursos paranormales

. . .

Pero ¿qué pasaría si, como platicamos antes, estas criaturas realmente fueran algún tipo de ser paranormal? – siempre existe la posibilidad de que aquel entre que estás cazando realmente sea un espíritu, como afirman algunas tradiciones nativo-americanas, o verdaderos seres humanos capaces de cambiar su forma a través de la magia, o incluso visitantes de otra dimensión.

De ser así, lo más probable es que no intenten generarte un daño físico, lo cual puede ser tomado como buenas noticias. Las malas noticias son que es mucho menos probable que puedas capturarlos con una cámara común y corriente.

A pesar de ello, es importante que intentes tomar fotografías de cualquier fenómeno inusual con el que te topes, solo como precaución, es increíble la cantidad de cosas que gente aficionada ha logrado capturar solo por tener una cámara en la mano. Y, si realmente estás interesado en cazar a este tipo de entidades, entonces puede que quieras invertir en un medidor de campos de radiofrecuencia, este aparato puede ayudarte a medir tres tipos de ondas invisibles: magnéticas, eléctricas, y de radio o microondas. La mayoría de los investigadores paranormales concuerdan que los fenómenos sobrenaturales están relacionados con fuerzas electromagnéticas aumentadas o excesivas; así que señales altas de SEM (señales electromagnéticas) pueden demostrar que esa área es un punto de interés o, si realmente quieres alejarte de estos seres, un área a la cual no entrar.

Adicionalmente, John Michael Greer, en su libro "Monstruos" aconseja que los aventureros lleven consigo algún objeto afilado de hierro, como un clavo alargado o un bastón de caminata con punta de metal, para poder "pinchar" a estos seres sobrenaturales. El investigador señala que "Un cuchillo, un clavo, una espada, o cualquier otro objeto afilado que esté hecho de hierro, que es insertado dentro de una concentración de energía etérica causará algo similar a un corto circuito etérico, lo que provocará una dispersión del éter y deshará todos los patrones que pudieran haber estado presentes en ella" Greer también recomienda llevar una botella de agua bendita, "incienso desterrador", y otros objetos de ayuda para rituales mágicos que describe con mayor detalle en su libro. Todas sus recomendaciones, por supuesto, están estrictamente sujetas a tu propio sistema de creencias, y no son objetos a prueba de todo que aseguran tener los resultados que esperas.

. . .

Nadie puede, tampoco, garantizar que una persona tendrá la oportunidad de atestiguar un hombre lobo o cualquier otra criatura mítica.

E incluso si algún evento como este ocurre, tienes que prepararte para la posibilidad que en lugar de llevar arrastrando contigo un espécimen vivo que probará de una vez por toda la existencia de esta raza ancestral ha existido entre nosotros, lo más probable es que la evidencia que recolectes no podrá convencer al mundo de que estas criaturas realmente existen.

También, ten en mente que algunos de los testigos desean, por alguna razón u otra, que sus encuentros nunca hubieran ocurrido.

Los humanos tenemos una resistencia natural al cambio y a lo desconocido, por lo cual no es extraño que, incluso cuando puedes estar buscando con muchas ansias, si lograras confirmar tus sospechas de que estas criaturas realmente existen no necesariamente lo tomes con mera alegría.

. . .

Confrontarte con lo que no conoces puede ser una experiencia increíblemente incómoda e inquietante.

Para aquellos que creemos que una criatura erguida y peluda acecha entre la oscuridad del bosque y los campos de maíz sobre este mundo sin importar lo civilizado o incivilizado de él, puede que no tengamos otra opción que mantener los ojos abiertos y las cámaras preparadas. Al menos hasta el día de hoy, aún no contamos con una prueba física y tangible de la existencia de los hombres lobo, pero nunca se sabe cuando puede presentarse la oportunidad, y un gran descubrimiento puede venir de cualquier lado.

Conclusión

La realidad y la ciencia ficción están divididas por una línea tan delgada que en muchas ocasiones es difícil confundirlas. Sin importar si crees que los hombres lobo son criaturas físicas, la evolución no descubierta de alguna raza de lobos perdida, o seres sobrenaturales, podría ser que ahora estés más abierto a la posibilidad de que en algún momento puedas toparte con uno.

La búsqueda de la verdad sin duda es un camino complicado y traicionero, podemos poner en duda nuestras creencias, sobre todo si nos rodeamos de escépticos o no tenemos la voluntad de defender lo que creemos.

. . .

Si eres un practicante religioso, sin importar tu religión, quizá estarás más interesado en aprender sobre qué tiene que decir esta con respecto a la existencia de estas criaturas a las que denominamos hombres lobo.

Recuerda que el internet es una herramienta increíblemente útil que puede ayudarte a resolver todas esas dudas que te pudieron haber surgido a lo largo de este libro.

Ahora, si eres de esas personas que necesitan ver con sus propios ojos para creer de verdad, ahora sabes cómo hacerlo de manera segura, y cómo hacer mejor uso de tu tiempo. No debes malgastar tus energías buscando en áreas desérticas donde no ha ocurrido un avistamiento en años, sabes que debes tener la vestimenta apropiada para pasar una noche en las afueras sin sufrir las terribles consecuencias que la madre naturaleza puede intentar imponerte, conoces el equipo adecuado, y estás preparado mentalmente para la decepción.

Podemos decir con cierta seguridad que estos temas cada vez están ganando mayor terreno, y más y más gente se está interesando seriamente en quienes son estas criaturas y qué es realmente lo que todas estas personas, que afirman haberlas visto, vieron.

Entre más seamos los que estamos en busca de respuestas, es más probable que las obtengamos lo más pronto posible.

Los avances tecnológicos y la aplicación del método científico a los experimentos paranormales o extraños también parecen ser prometedoras en esta área de investigación. Gracias a ellas se han recopilado diferentes pruebas y evidencias que pueden acercarnos un poco más a encontrar eso que hemos buscado por tanto tiempo. Por ahora, es cuestión de mantener los ojos abiertos y esperar.

Mientras tanto, ahora tienes un gran repertorio de películas, libros, y series que puedes ver para saciar tu necesidad de ver a un hombre lobo.

Sin importar lo escondidos que estén, si estas criaturas realmente existen, este escritor puede decir con confianza que eventualmente podremos atraparlos, o mejor aún, ellos mismos finalmente se revelarán ante nosotros.

Hasta entonces, deberemos seguir investigando en el campo o desde la seguridad de nuestra casa.

www.ingramcontent.com/pod-product-compliance
Lightning Source LLC
Chambersburg PA
CBHW07201907052
44583CB00015B/1550